山顶视角 以创造成就卓越

华为
饱和攻击营销法

全新修订 50%

孟庆祥 ◎ 著

北京联合出版公司
Beijing United Publishing Co.,Ltd.

目 录

前言
华为饱和攻击营销法

饱和的资源配置　　　　　　　　　　003
多路径、多梯次进攻　　　　　　　　004
提高进攻强度　　　　　　　　　　　006
精确管控　　　　　　　　　　　　　007

第一章
华为营销故事

创业初期　　　　　　　　　　　　　015
国内发展　　　　　　　　　　　　　029
全球发展　　　　　　　　　　　　　043
多元化拓展　　　　　　　　　　　　056

第二章
华为营销思想

建立市场导向的文化　　　　　　　　074

"一线呼唤炮火"的体系　　　　　　084
一边产粮食，一边增加土地肥力　　091
奋力牵引，创造价值　　　　　　　098
建立压力传递系统　　　　　　　　104
从安索夫矩阵到能力阶梯　　　　　109
不确定性，确定性　　　　　　　　1190

第三章
华为营销组织

摆脱对个人的依赖　　　　　　　　131
销售组织的顶层设计　　　　　　　137
华为矩阵结构的精细运作　　　　　147
按关键要素构建组织　　　　　　　156
先建组织还是先作战　　　　　　　162
华为"铁三角"的故事　　　　　　　167
销售的激励　　　　　　　　　　　180
学习型组织　　　　　　　　　　　191

第四章
华为营销方法

从实践到行家　　　　　　　　　　201

客户关系管理 208
"一五一工程" 212
九招制胜 222
"五环十四招" 229
做计划与打项目 236
销售会议 245

第五章
华为销售流程

一个故事讲清楚销售流程 252
搞事牵引线索 257
从线索到机会 269
从机会点到合同 277
管理合同执行 287
销售中的角色和管理 294

前　言

华为饱和攻击营销法

市场经济利用人们对金钱的追求来推动生产和交易,而过分的竞争造成供过于求,让销售变得困难。如何在激烈的竞争中尽可能销售得成功,卖出尽可能多的东西?最根本的方法就是提高销售强度,即饱和攻击营销法。

华为在好几个不同的行业都取得了辉煌的业绩,其成功营销的核心思想就是饱和攻击。军人出身的任正非多用军事术语比喻市场营销工作,比如"重装旅""班长的战争""训战结合""山头项目""饱和攻击""范弗里特弹药量"等,都是华为内部常用的术语。

饱和攻击,顾名思义就是在营销上尽量提高强度,加大投入,直至成功。营销不成功多半是强度不够,不足以突破客户的防线;投入没有达到成交的阈值,不足以战胜竞争对手得到订单,而饱和攻击可以明显提升销售业绩。不过,接受饱和攻击的营销思想是容易的,重点在于如何才能做到饱和攻击?饱和攻击具体有什么样的可操作办法?

为此，本书总结了华为的营销实践——饱和攻击营销法，它由四个关键的部分组成。

饱和的资源配置

销售是很多公司收入的唯一来源，并且所有部门的工作都是为了最终能销售出去产品或服务。那怎么样才能提升销售能力？最简单粗暴的方法就是提高销售人员、资金配置。华为内部虽然没有提过"大力出奇迹"这句话，但在早年相当长的时间里，公司一直强调人力资源优先增长。

有一种很普遍的说法：华为是3个人干5个人的活，发4个人的钱。这是对华为的误读。如果公司遇到好机会，千万要饱和地配置资源，否则贻误战机。5个人干的活，大可以配上8个人，只要你能养得起即可。在公司的管理压力之下，过饱和的人力资源会自己想办法找事干，工作面就拓展出来了。公司有现成的工作，也有员工自己拓展出来的工作，绝不是减员增效那么简单。

另外，中国有很多公司都创造过销售奇迹，但由于产品力没有跟上，可持续性就差，销售创造的奇迹就容易昙花一现。而华为不仅销售凶猛，也能做到贴近用户需求，迅速改进产品。

举个例子，华为的产品研发经理并不是总在研究室搞开发，他还会花大量的时间去销售一线辅助产品推广，听取用户实际需求，解决销售障碍。这样一来，产品的迭代速度就非常快，产品会从一个丑小鸭迅速变成白天鹅。

华为许多部门对市场的理解不会停留在听取市场部汇报上，他们会到销售一线去获得一手信息，理解真实的市场状况和用户需求——"让听得见炮声的人呼唤炮火"。

绝大部分的信息通过中间人传递会变形甚至扭曲，研发从市场部听来的二手信息就不及亲自到市场一线听取客户的说法更真实，对于重要的事情，能下一线就下一线，能得到一手信息就不用二手信息，这是华为工作方法的一个原则。

华为坚持以市场销售为导向，慢慢地就形成了以销售为中心的文化。这样一来，各个部门之间的协调就容易多了，在实战中也形成了整体作战的各种方法。

多路径、多梯次进攻

营销是要立竿见影地解决实际问题的，多路径、多梯次营销是饱和攻击的进攻途径。

举个例子，华为的竞争对手在销售电信设备时，都是以客户经理为中心的单线作战模式，而华为在新产品拓展阶段多了一个"尖刀连"，专门负责拓展指定的产品。这样一来，弱势的新产品避免了被成熟产品遮蔽，新产品进入市场的速度就会非常快。

华为手机也有很多品种，最早也是采用开拓多路径的销售方法，等到竞争对手学习华为多路径销售时，市场开拓的机会窗口早已关闭。探索多路径、快速学习行业先进经验的习惯已经融入了华为的文化之中。

华为轮值董事长徐直军曾经讲："我们围绕管道战略加大投入，战略上不会错，方法上要用多种方法，不要排斥。不要只赌一种方法，小公司才会赌一种方法，因为他投资不够，赌对了就赢了；大公司资金充足，为何不采用多种路径？即使某一种路径失败了，也会给我们培养很多人。"多路径探索成功之道，一旦市场证明了某个方法有效，就会迅速形成复制，扩大影响面，结出更多胜利果实。

提高进攻强度

"杀鸡要用牛刀""投入范弗里特弹药量进攻""我们要打开城墙缺口,我不在乎你是一发炮弹炸开的还是六发炮弹炸开的,我要求的就是打开城墙,冲进去占领这个城市,那里有多少财富呀!"这些都是华为人耳熟能详的话语。

很多公司的奇迹都是靠提高营销强度创造的。在电视广告红利时代,勇敢砸钱做广告成就了很多企业。近几年许多行业搞会销,其本质也是通过让目标顾客参会的方式,用高强度的信息轰炸达到成交的目的。

各个行业都有提高营销强度的方法,大客户营销提高营销强度的方法主要是通过组合套路增加用户接触点,在每个接触点上都做细、做透。大客户营销通常都有参加展览会、公司参访、客户接待等环节,善于高强度营销就会利用这些机会,在每个环节上都比对手获得更高的分数,把竞争对手比下去,达到最终夺单的目的。

精确管控

提高营销强度通常会增加营销投入，这就要靠精确管控获取利润。在大客户营销中，大多数订单都是竞争性定价模式，如何控制好每一单的价格，需要一套系统的方案。优秀的公司在营销上会分级管理，在战略上制定策略，实现"既高产粮食，又增加土地肥力"的目标。

不同的产品有不同的竞争策略，不断地攀升制高点，根据产品和区域的不同情况，实现"一国一策""一品一策"。

提升营销水平需要企业高层有战略思想指导，中层把思想变成具体作战方法，基层员工努力想办法，在实践中不断摸索、创造切实可行的方法，让每个员工都发挥出他的能量，解放越多的生产力，就越能创造好的销售业绩。

本书共有五章，对第一版《华为饱和攻击营销法》进行了大幅度修改，删除了与华为关联度不大的下半部内容，增加了华为销售流程一章，整体修改率近50%，聚焦于讲透华为饱和攻击营销法，让读者更能抓住精髓并深入进去，结合自己企业特点，构建自己的饱和攻击营销法。

第一章介绍华为营销成长史。华为像其他公司一样，通过营销实践，发明方法，总结提高。这一部分主要讲述华为是如何应对实际发展中出现的问题，抓住发展机遇，不断总结提高，从小蚂蚁变成领头羊的。

第二章介绍华为最核心的营销思想，并且强调思想是如何转化成具体行动的。不同行业的销售方法差别很大，在基础思想层面上却具有很高的一致性，华为有很多种差异很大的业务类型，销售方法也是随行就市，差别很大，而指导思想却是一致的。吃透思想能达到纲举目张的效果。

第三章讲华为营销组织。规模以上的企业各种事情都是靠组织落实的，华为很早就注重组织能力建设，吃透并设计了矩阵结构，实现了"兵种主建、军区主战"模式，矩阵结构可以很好地部署客户分类管理和产品分类管理战略，尽力摆脱"必然王国"的趋势，牵引到"自由王国"翱翔。除了矩阵结构还有如何设置具体组织，如何设置组织中的角色，如何做到创造价值和积累匹配等，这些都是销售中很具体的问题，读者结合自己企业特点，变形一下，即可应用。

第四章讲华为营销方法，详细描述销售中的一些具体活动，销售有哪些"招"，如何把这些招做到极致，得分超过竞争对手，达到胜利。

第五章综述华为销售流程，销售流程集成了各种销售方法、组织衔接、销售管理、资金流和货物流的流动等。本章重点强调如何实现销售，解决读者最关心的核心问题。

销售是一种实践性很强的活动，有榜样做参考，有理论指导实践，更容易快速走出迷茫。创作本书时，我始终在"以客户为中心"的原则指导下思考和写作，读者有什么问题，如何解决读者的问题，如何让读者花在本书上的时间能有所收获。以我过去的写作、阅读经验看，大多数人阅读都是走马观花；少量读者会受到启发，有所收获；还有极小一部分读者真读进去了，在书中思想、案例的引导下，结合自己的实际，进行了更深入的应用，所以会有巨大的收获。希望你读本书后，成为"有所收获或者有巨大收获"的那一类读者。

第一章

华为营销故事

2017年9月15日，我在华为接待一家参访华为的游戏企业。这家游戏企业的老板是华为前员工，辞职创业取得了巨大成功。游戏公司老板安排手下年轻的管理者们走进华为，目的就是要让他们开开眼，学一学华为公司的气质。

这一天是华为公司注册成立30周年的日子，但是公司像往常一样，没有任何庆祝、发文。华为就是有这样一种气质：专注于商业本身，不搞繁文缛节，只搞他们认为有用的事。华为每年大会时高层领导都要搞工作作风宣誓，内容共八条，其中第六条是："我们反对文山会海，反对繁文缛节。学会复杂问题简单化，600字以内说清一个重大问题。"

华为也会搞仪式，但仪式要有明确而实在的目的。1996年，华为为了让市场部早期的功臣、元老从管理岗位上撤下来，换上更有知识、更有能力的人当领导，就搞了一个市场部干部辞职大会，所有干部都辞职，然后重新任命上岗。这个仪式给华为立下了一个干部能上能下的规矩，对华为领导层能够不断地新陈代谢起到了非常关键的作用。2000年，为了改变研发部门闭门造车、不贴近市场的风气，在深圳体育场搞了一场研发部"呆死料"大会。2012年，为了提拔研发体系的年轻人，又搞了2000名研发将士奔赴市场的出征大会。公司发个文、开个简单的会议，也能搞定这些事。但这些仪式不是多余的，因为仪式可以让员工热血沸腾，对深入贯彻最重要的思想、统一行动来说非常重要，善于搞仪式的公司更有活力。早年我有些困惑，本来发个文就可以搞定的事，为啥要兴师动众、劳民伤财，人员从各地飞回来开万人大会？后来我才明白，要贯彻一项重要的事情，光简单地说一下是不够的，也要发动"饱和攻击"，才能让对方相信、记住，才能改变别人的观念。

1987年9月15日注册的华为技术有限公司，开始就是一个二道贩子，俗称"倒爷"——当年市场经济刚开始积累，二道贩子是市场经济的先行者，他们对市场最敏感，敢于冒险，能够抓住商机。华为创业时期，市场上"倒爷"满天飞，华为也是其中一员。

当时注册公司最低要2万元，任正非自己有3000元，又找了6个人，凑了21000元，注册了华为公司。其他出资者并没有一起创业，他们的信息也无从查找。据任正非在2019

年接受媒体采访时讲,后来出资者的钱都让他高价归还他们了。除了任正非之外的6名出资人相当于早期的财务投资者。

虽说叫技术有限公司,但华为一开始是没有技术的,而是倒腾各种东西找饭吃,据华为原副总裁刘平回忆,最初创业时华为还卖过减肥药。后来任正非在辽阳的一个战友告诉他,倒卖小型电话交换机可以赚钱。这个机缘让华为走向了通信领域,30年后,华为成为中国商业史上的一个奇迹。

1988年,中国GDP(国内生产总值)只有1万亿人民币多,几乎是现在的百分之一,你可以大致想象当时的经济情况,简单地说,当时做1元钱的生意像现在做100元钱的生意一样难。华为公司成立时,通信市场刚刚起步,根据国家统计局发布的《关于1990年国民经济和社会发展的统计公报》,1990年,"全年完成邮电业务总量为80亿元,比上年增长24%。邮政快件、特快专递、传真、国际及港澳电话等业务的增长幅度都超过20%。年末城市市内电话装机用户达到520万,比上年末增长22%,程控电话已占市话总容量的43.5%"。当时邮政加电信的总业务量还不到今天电信收入的1%,2021年,仅仅三大电信运营商收入就达到了1.61万亿元,是1990年邮电业务总量的200倍。

华为的发展也像其他伟大的公司一样，首先是抓住了电信业大发展的历史机遇。1988年是改革开放第10年，经过一段时间的积累，中国进入了快速发展期。就像今天的很多机遇一样，当时能够看到电信业大发展的公司也很多，谁能杀出重围，成为最后的胜者才是关键。

华为从代理电信设备起家，一开始就种下了重视营销的基因，并且一直保持到现在。在市场高速成长的环境下，一般都会有善于营销的公司脱颖而出。华为的过人之处就是一直没有被胜利冲昏头脑，靠强力营销牵引企业发展的同时，也一刻不停地增加产品竞争力，形成了产品力和营销力循环的竞争优势。

2018年，华为发布了《华为公司人力资源管理纲要2.0（总纲）》，总结了过去30年公司发展的总体情况，把公司发展分成四个阶段。本书就按照这四个阶段讲述华为营销发展的脉络。

创业初期

1987—1992年是华为的创业初期。华为在这一时期完成了由代理公司向自有产品公司的转变，积累了原始资本。

到1992年年底，华为公司员工总数达到250人左右，销售额达到了1亿元。从1988年开始营业算起，这些用了4年时间取得的成果并不算出众，但那个年代和现在完全不同——市场没有那么大，1988年的全国名义GDP几乎是2019年的百分之一。国家没钱，金融业不发达，私营公司更是只能靠利滚利的方式经营。考虑到这些时代背景，华为当时发展得已经非常快了。

创业时期的华为，主要完成了这样几件事：由代理公司跃升成为自研产品的公司；老板的性格奠定了公司的原始基因；形成了内部员工持股制度；大致解决了员工激励和价值贡献匹配的问题。

华为创业时期抓住的是电话行业大发展的风口，当时电话交换机需求比较旺盛，全国有300家以上的电话交换机代理商，他们向许多单位兜售产品。

小型电话交换机和大型电话交换机的销售对象是不同的，小型电话交换机在宾馆、医院、企业等只要有转分机的地方，就有需求。所以需要小型交换机的客户非常多，小型代理商也可以靠一个小市场生存。

华为最初代理别人的小型交换机时，市场虽然竞争激烈，但利润还是比较丰厚的。

代理产品的公司或者渠道都卖同样的产品,要想做得好,营销能力强是根本,大家都从原厂家拿同样的货,就看谁有本事卖出去更多。

华为别出心裁地在产品包装盒上印上了两句广告语:"到农村去,到农村去,广阔天地大有作为。""凡购买华为产品,可以无条件退货,退货的客人和购货的客人一样受欢迎。"

这个简单的广告语也反映了那个年代的特征,体现了华为公司经营中最朴实的理念。"广阔天地大有作为"是20世纪60年代为了解决城市就业问题而搞的上山下乡运动的宣传标语,是"60前"的人都知道的一句口号。而后一句口号是很朴素的客户意识,后来发展成了华为"以客户为中心"的核心价值观,而这一价值观是指导产品开发和销售的最高法则。

任正非的性格

在华为内部,我们都管任正非叫老板,这明显是广东、香港风味的称呼。老板大学毕业后就业于建筑工程单位,1974年应征入伍成为基建工程兵,1983年国家整建制撤销基建工程兵部队,任正非转业到深圳南海石油后勤服务基地。后来他回忆这段经历时说,刚从部队转业时,根本不懂市场,在接受采访时说:"我那时想怎么能赚人家钱呢?赚人家钱都是很不好意思的事。""把钱给人家,人家就应该把货给我们,我们先把钱给人家,有什么不可以的?"这种想法让他吃了一次亏,钱付给了对方,对方却不给货,这件事很可能间接促成了他后来辞职,开始创业。

"前怕狼,后怕虎",不敢冒险的人是很难抓住商机的。有时我会反思,不肯上当的人是干不成大事的,过于谨慎,看似没有吃亏上当,但是,因为太谨慎,错失的机会可能更多。有时为了强调这一点,我会说,一个公司一定要给"败家子"委以重任,否则是打不开局面的。

任正非长相极其憨厚,他的性格之中也有很憨厚的一面,这样的人有某种难以描述的人格魅力。我听早期市场部的人回忆,老板曾对他们说,销售员的素质模型就是要做"憨厚的诈骗犯",人家一看你那么精明,肯定不愿意跟你做生意。你要是真憨厚,也做不成生意。不知道是不是有这句话的引导作用,我在华为看到的优秀客户经理,有非常多的人都是属于"憨厚的诈骗犯"模样。

华为公司很早就重视IT(信息技术)系统建设,任正非的正式讲话多数都有记录。从任正非的讲话以及公司经历的许多重大事件决策来看,任正非具有非常厉害的认知能力,我姑且斗胆评价任总,他能够做到"知之为知之,不知为不知",他的许多讲话都体现了其深刻的洞察力,话中逻辑性很强,没有明显的漏洞。

现在有一种说法认为认知能力就等于价值,这种说法明显太过于简化。任正非在1997年的一次讲话中说:"认知能力不能拿来当饭吃,只能拿去做贡献才可能产生价值。"这句话非常好,认知只是一个基础,用认知指导行动,去实践,做出贡献,这就是企业的本质。

代理转自研的飞跃

华为是一家白手起家、没有背景、无法借力的公司。在20世纪90年代初期,国内通信设备市场需求十分旺盛。通信设备有一定的技术门槛和专业性,但也不是特别难,所以很多公司迅速完成了从代理外国产品到自研产品的转变。当时最突出的四家公司分别是巨龙通信、大唐电信、中兴通讯和华为技术,人称"巨大中华"。除了华为,另外三家都有一定的技术基础,巨龙源自于解放军通信工程学院,大唐电信集团是邮电部第十研究所的附属企业,中兴通讯有航天工业部的资金和技术支持。

通过销售代理产品完成初步的资本积累之后，华为开始研制自有产品，这是华为历史上最重要的一次蜕变。小富即安、胸无大志的企业一般无法完成这种惊险的一跳。当初很多代理做得好的公司没有及时研发自己的产品，就丧失了公司跃迁的机遇。

其他三家通信设备公司在早期比华为有一定的优势，但华为后来居上成为领头企业有制度方面的原因。相比国营企业，私营企业的最大特点就是自由，没有条条框框。但自由不等于优势，要想建立一套适应企业发展的规矩，绝非易事。华为制度的核心就是激发了全体员工的干劲。

任正非是一个天生的鼓动者，一个老市场部人员说，老板的一大优势就是他想搞定谁，分分钟就能搞定。郑宝用是华为从代理商转自主研发产品的关键人物，毕业于华中工学院（现在叫华中科技大学），在校期间成绩优异，毕业留校任教后很快就取得了不少科研成果，后来去了清华大学读博士。任正非从他同学那里打听到这个人才后，赶紧去挖人。有一次，我问郑总，老板怎么把你忽悠来的？他说，老板太能吹牛了，在清华读博士读了几个月也觉得没啥意思，就过来看看，一来就走不了了。

郑宝用于1989年来到华为，他最早立的功不是研发产品，而是解决了华为代理产品的一个技术问题。那时候华为代理的小型交换机产品有点问题，郑宝用分析之后，很快发现了症结，然后他在交换机的线路板上焊上一个电阻，故障就被排除了。后来市场逐渐认识到虽然大家都是买同样的小型交换机，只有从华为买的不会出故障，于是出现了从"华为买的交换机不出问题"的传说，华为的代理产品因此销售火爆。据说原厂商怕店大欺客，有意给华为减少供货，这是华为不得不迅速研发自有产品的一个原因。

内部持股制度的形成

动员能力再强，也不能持久地激发员工干劲，最关键的地方是老板比较大方，肯给钱。从华为出来的员工去其他公司打工，一个共同的评价是没有见过比华为老板更大度的人。任正非本人也说过，华为能搞企业与他不自私有一定的关系。

电话交换机是一个热门产品，尽管市场竞争激烈，但与个人计算机相比，电话交换机有一定的技术门槛，陷入纯粹价格战的可能性比较小，能够较长时间持续赚取高额利润。华为早期的员工表现稍好的，最多半年就会涨工资，甚至每个月都可能涨工资。1999年3月，我刚加入华为时，工资是5000元，作为社招员工，这个起薪属于偏低的。但由于我的业绩很好，到了1999年年底，我的工资就涨到12000元了。1999年年初，华为已经有12000名在职员工了，公司还能这么大幅度地给员工加薪，一方面是公司业绩好，有钱赚；另外一方面，则是公司大度，愿意把利益分给员工。于是华为员工形成了长期斗志昂扬的气象。

华为创业10年后的很多新兴创业公司是借助风险投资起飞的，他们对华为早期利滚利的发展模式不容易理解。比如，互联网服务开始都赔钱，到了一定的规模才赚钱，所以几乎所有的互联网公司都依赖于风险投资起家。华为起步的那个年代，美国都还不怎么流行风险投资，在中国就更不时兴了。所以，那个年代的生意必须一开始就赚钱才能持续发展，这也在客观上减弱了竞争强度。由于任正非胸怀大志，没有小富即安，在没有风险投资又很难得到贷款的情况下，通过滚雪球的方法把赚到的钱投入到扩大再生产中去，这是企业向前发展的唯一方案。

又要把钱分给大家，又要解决扩大再生产的资金，这就自然产生了华为内部人员持股制度。最早期的华为员工虽然工资挺高，实际上拿到手里的只是一部分，到了年终，扣下的工资和年终奖都转换成了股票，在公司内部叫虚拟受限股（ESOP，Employee Stock Option Plan）。股票的分红到了年终也只是一个账面财产，公司因此又增发了更多的股票。直到2000年左右，华为的年销售额已经达到了200亿元，还在沿用这种发展模式。

当时已经有不少人质疑说华为这是不是非法集资，甚至竞争对手还告发了华为，导致华为一度被查。好在华为早期就申请了一份政府批准的红头文件备案，没有查出问题，保住了华为独特的制度。华为的集资模式之所以不是非法集资，主要是因为老板确实想把钱发给大家；另外，保持稳健的经营策略，没出大问题，也有能力保住本金，分配利润。科技行业大起大落，充满风险，在30多年的历史中，每年都有利润的科技公司是很少的，我的印象中，只有微软也是如此。由于华为内部持股人太多，这种制度的天然缺陷就是不能忍受亏损，一旦亏损容易造成群体事件，幸好华为确实也没有亏损过。也因为固有的缺陷，内部广泛持股模式是不能推而广之的。

华为最早给全员配股是在1990年，既有公司为了解决发展资金的客观原因，也有老板想让全体劳动者分享劳动果实的主观原因。1900—2000年，11年间，每股都是1元钱，持股者享受分红权。2001年，华为找会计师事务所核定每股净资产为2.64元，此后，每股的价格和所含净资产挂钩；2013年，华为又给员工一种不含净资产也无须购买的股票，叫作TUP（Time Unit Plan），但是它的期限不是永久的，给员工配置时就明确了期限。

我进公司的时候，华为已经是一家有声望的大公司了，可以得到贷款，公司的股票分红远远高于贷款利息，但还是有不少人说公司发股票就是为了集资。华为股票并不是强制购买的，由于收益不错，一直都有保障，所以虽然有部分人质疑公司是在集资，但拒绝买公司股票的人却极少，行为比语言更诚实。

华为每年都会根据经营情况给员工配股，每年都增发股份，现在大概已经有300亿股。与现在流行的"风险投资+上市"模式相比，华为模式的优势是能够给后来做出贡献的员工以比较大的利益，最大限度地消除了由于时运成分获得的超额收益，员工的每份收益和当期的价值贡献匹配度最高。这样一来，公司就有了持续的发展动力。

公司赚的钱大体上由两部分构成。第一，员工劳动赚的钱。第二，通过赛道和商业模式赚的钱。

公司上市模式的基本假设是：上市时，赛道和商业模式已经确立好了。后来加入的员工在既定赛道上工作，就可以做出贡献，持续赚钱。但是，这个假设有个问题就是赛道的优劣并不是绝对静态的，后来开创新赛道和商业模式的人就没有那么高的收益了，那么，谁来开拓新赛道呢？

我提出了"奖励赛道开拓者"的构想。这个想法是不错的，在实际落实中却很困难。首先，很难界定什么是赛道开创者。其次，开创新赛道的人并不容易界定，大公司开拓新赛道时，往往派出千军万马。最后，更重要的问题是一旦采用这种模式，打破了原有的利益分配模式，公司会面临巨大的动荡风险。

比如，华为后来开拓出了"手机"这个巨大的赛道，假如按照奖励赛道开拓者的方案，如何解决上述三个问题？我自己也没有想好。但是，奖励赛道开拓者的设想是很有价值的，假如公司规模较小，是可以考虑实施的。

激励要匹配价值贡献

大量挣钱、大量发钱是华为发展的一种循环动力，对于市场销售来说，怎么发钱更合理也是非常重要的。销售最后呈现的是很客观的财务数字，很多公司都采取了提成制的奖金分配方案，但华为并没有采取这种简单的分配方式，原因有二：第一，设备销售在不同行业、不同区域，完成同样的销售额难度完全不同，而且这个难度也在不断变化之中，如果搞提成制，一个人拿多少钱，运气占的比重会比较大，这不合理，也不公平；第二，电信设备销售是团队行为，简单地给个人提成搞不好会影响团队战斗力。所以，华为并没有采取业界通用的简单的提成方案，而是根据销售目标完成情况，评出各个组织的奖金包，再根据个人贡献，把奖金包分配给每个员工。

内部持股、团队目标奖金分配方法并不是华为学习其他同行经验的结果。任正非说，华为创业时期，不知道资本市场还有很多利益分配方法，这也是事实。大面积内部员工持股其实是有风险的。举个例子，假如有一年经营不善，持股员工反而会赔钱——这在风险比较高的硬件设备行业是常有的事，后果也是很可怕的。所幸华为经营稳健，一直都是盈利的。

任正非创办华为时，虽然改革开放已经10年，但市场经济还在发展初期，大学生毕业后国家还包分配工作，在这样一个计划经济向市场经济的转轨时期，怎么管理一个市场经济下的公司，全国上下都处于摸索之中。任正非以及华为早期的人员基本上没有管理公司的经验。任正非是一个悟性非常高的人，他能够把从各行各业观察到的现象、领悟到的道理灵活应用于企业的管理之中。孔子说:"生而知之者,上也;学而知之者,次也;困而学之,又其次也;困而不学,民斯为下矣。"我觉得任正非就是孔子所说的生而知之的人——当一个人有一种寻找正确路径、方法的嗅觉,能够很好地处理许多具体问题,能够从日常生活、各种历史现实事件中汲取精华,触类旁通,就是生而知之了。华为聘用的管理专家吴春波说华为没有秘密,无非是把一些经营管理最基本的常识做到了极致,此言甚是。人们在长期的生产实践和生存斗争中,发现了大量的原理和规律,"武器库"是相当丰富的,每种"武器"有不同的适用场景,发现、选用合适的常识就是一件很需要天赋、需要动脑筋的事。华为销售激励模式没有照搬业界,这需要一种洞见,需要一种对如何分配更合理的深度思考,而大多数人仅仅是萧规曹随,缺乏深入思考的习惯。

合适的激励方式对销售非常重要,是激发销售员动力的燃料。任正非心中有一杆公平、大度的秤,这杆秤会给公司找到一个在各个体系之间如何分配所得,在体系之中如何分配利益的方法,并不断校准修正,最终得到一个不错的方法。

华为创业初期,老板不自私、有魅力、善鼓动,激发了战斗力，是代理商中的"小强"。挣到一些钱之后，老板慧眼识人，到处找人、挖人。开始走自研产品之路时，老板继续到处找人，招到了一些素质很高的人，他们立了战功，在老板的带领下，"以先知觉后知，以先觉觉后觉"的方式带队伍，大家水平也都越来越高，早期的优秀员工就成了华为公司的领导力量。历朝历代打下江山的开创者一般最后都成了最高层领导，比如汉高祖刘邦身边的早期元老萧何、张良等，汉光武帝刘秀的云台二十八将等，做出成就的大公司往往也是如此。人们会有一个困惑：到底是早期创业者有本事搞成大公司，还是各种因素让他们搞成了大公司，顺便就当上了大领导？是英雄造时势，还是时势造英雄？真实的情况是两个方面的原因都有，老板慧眼识人，找到一堆比较厉害的人才能开创事业。同时，也必须在冥冥之中赶上好运气、好机遇。

不管怎么精挑细选，不可能所有的初创人员都是能力很强，都能够快速学习并跟上公司发展要求的。如果进入公司比较早，并且有一定的功劳和苦劳的人员占住了位置，成为公司发展的阻力，怎么办？1996年年底，华为大约有2500人，有20多亿的年销售额，但有些市场部干部不足以带队伍跨越更高的台阶。为了解决这个问题，任正非搞了华为版的"杯酒释兵权",要求所有市场部干部都要交一份述职报告、一份辞职报告,如果辞职报告被批准了就不再是干部。通过这种方式,很多干部下课了,同时公司也做了思想工作,大部分下课的干部并没有离职。市场部干部的大辞职,为公司立下了一个干部能上能下的规矩,有利于选拔人才、防止组织板结,对华为的进一步发展非常重要。

在公司成立两年之后,华为就有了自己研发的产品,由于产品质量一般,所以需要研发人员到一线去做支持和推广。这样就形成了研发支持销售,以市场为导向、以销售为导向的惯例。后来华为公司将这个导向总结成"一线呼唤炮火"的销售方法,这一方法对华为产品的成功销售至关重要。

早期华为销售没有形成太多套路,主要是靠老板的动员能力与强大而合理的激励方式让销售人员拼命销售,尽量扩大再生产,很快有了一定的规模,站稳了脚跟,为后来抓住更大的机会打下了基础。

国内发展

1992—2000年是华为公司的国内发展时期。这个时期,华为主要做成了这样几件事：

从卖给医院、学校、政府等通信设备，转到主战场——向运营商销售设备；

从大型程控交换机开始，开发了比较完整的系列电信设备；

完善了销售组织和销售方法，建立了特别能战斗的销售队伍。

华为创业时期，市场上主要针对两种类型的客户销售不同的电话交换机产品，第一种是卖给宾馆、医院、政府、学校等单位用的产品——小型电话交换机，华为管这种交换机叫用户机。小型电话交换机一端连着电信的网络，另外一端连着自家单位的电话机，外面打入电话需要先拨通一个总机号，再转分机号。另外一种产品就是电信局用的大型交换机，华为叫局用（交换）机。

在创业阶段，华为从低门槛、市场分散的用户机起步，相当于从电信设备市场的边角料啃起。真正的肥肉显然是电信局用的大型交换机，1992年，华为开始调整主攻方向，由卖小型用户机向销售局用机转变。

两种类型设备的客户对象和销售方法是不同的，用户机主要是用户自己用，规模小，要求也不高，只是一个不

第一章　华为营销故事

是特别重要的设备，采购者不可能也没有必要具有很高的专业水平。这种类型的市场主要靠关系，而靠关系的市场都比较分散——你有你的关系，我有我的关系。华为最早期的营销故事都是喝酒的故事——那个年代虽然吃的东西已经不再匮乏，但请人好酒好菜吃一顿还是很重要的公关手段。后来吃饭、喝酒逐渐演变成交流场景，虽然吃饭本身的物质意义逐渐变淡了，但酒桌文化仍然是中国人谈生意的主要选择。华为有个办事处主任，与客人一起吃饭，客人频频向他劝酒，刚开始还行，到后来撑不住了，他想拒喝，客人急了说："喝了，这单就是你的，否则走人。"没办法，他只好喝完，结果出门就吐血了。云南有个地方，特产是竹蛆，就是一种虫子，该区域的华为销售员和当地客户吃饭，为了表示不见外，也只能硬着头皮吃，他们说虽然不适应，但为了订单也没办法。有人从心理学角度将劝酒解释成服从性测试，似乎有一定道理。销售成败，买卖双方斗争合作，固然有很多专业、套路的成分，但最底层的基础则是坚固的人性法则。

销售局用交换机和用户机区别很大，局用交换机是电信局的生产性设备，电信局要用这个设备赚钱，而不是自己用，所以这个设备的专业要求远远高于华为早期销售的用户机。运营商采购时参与者也非常多，上至老总、下到机房技术人员都对采购设备有一定的影响力。生产性设备对质量和功能的要求也高，断网、掉话都是事故，局方为了把好质量关，发明了很多方法，比如要销售的设备必须经过邮电部的测试，拿到入网证；销售之前需要做几个实验局①以证明设备可用。另外，采购方对设备的技术也相当内行，经常接受许多设备商的培训。这样一来就增加了销售的烦琐程度，提高了销售门槛。理解并适应采购方的采购方式才算入门，不入门就不能形成有效的销售。

电信局采购的要求和程序非常复杂，这对华为销售是一个升级的挑战。华为销售的第一款局用设备是1992年开发的JK1000，这是一台采用模拟交换技术的交换机。当时数字交换机的技术已经成熟，模拟交换技术处于淘汰的边缘。华为肯定是根据当时自身的技术能力以及对市场的判断，决定开发模拟局用交换机，结果产品一出来就过时了。如果沿着这个方向走下去的话，华为很快会被淘汰。

此时，1991年年底来华为的曹贻安多次建言，要开发

---

① 实验局：对于在实验室不能进行的测试和验证工作，选择典型的应用场合，在用户的实际使用环境中进行的测试活动，称为实验局。

数字交换机。曹贻安在来华为之前见识过数字交换机，了解数字交换机的技术原理。任正非被他打动，很快开始了数字交换机的开发。

为了向电信局销售设备，要随行就市，学习这个行业的销售方法。1992年下半年，华为在销售上做了两件事，第一件事情是成立了以推广产品、做技术交流为主要职能的部门——产品行销部。以前的销售员没有明确分工，也不怎么进行专业性的技术交流，成立这个部门其实是对标同行的售前支持部，也不是重大发明。本书后文在介绍方法论时，还会介绍这个部门。起初，产品行销部的主要任务就是和局方做技术交流，后来，产品行销部在实践中不断开拓出新的工作面，职能越来越丰富。到后来，客户经理和产品行销部成了华为销售的两把尖刀，为拓宽设备种类立下了汗马功劳。

华为做的第二件事，就是给销售部门配置了幻灯机——并不是现在的投影仪，而是放映照相机底片的装置，就好比你现在把PPT演示文稿用传统相机照到底片上洗出来，再用幻灯机一张一张手动播放，类似旧时的电影放映机，只是更简单。华为也因此把PPT叫胶片，直到现在，胶片成为华为特有的词，其他公司都叫PPT。这个细节是华为销售模式的一角,当时用幻灯片放介绍材料是先进生产力,华为在每个细节上都追求先进。

为什么我重点强调了配置幻灯机这么一件小事呢?因为展示在销售中是非常重要的,华为很多销售方法都与最好的展示方法有关。

空中客车公司1970年才成立,比波音公司晚了54年,现在却成了和波音公司并驾齐驱的飞机公司。空中客车公司历史上有一个传奇销售员叫雷义,他进入某飞机公司的第一年就销售了38架飞机,相当于这家公司三年销售业绩的总和。后来,他被挖到了空中客车公司。

雷义有五条销售军规:

1. 最好的推销员一定是最有活力的人;
2. 了解自己的产品是永无止境的;
3. 所有的推销,在见面之前就已经开始;
4. 卖高科技产品,就要用高科技去展示;
5. 把顾客当学生而不是上帝。

其中第四条就是用高科技手段展示产品。用雷义的五条军规衡量华为销售法,基本上每条都对得上。华为没有雷义这样的大销售员，华为销售成功更像一种销售组织的成功。

表面上，同行的组织结构、职能和华为是一样的，但同行做不到华为这么细、这么好。而销售的订单就是靠一点点细节积累夺下来的。华为怎么把细节做得都很好呢？就是解放了普通员工的生产力，大家都动脑筋想办法，把好的、可复用的方法固化下来，再有人去改进。华为极大地开发了智力工作者的价值。有一次我和研发第四任总裁费敏喝茶，他说华为能否发展得好，关键看能否解放全员的生产力。当时，我只是附和了一下，后来才真正明白这句话的意思。不光是销售，研发也是一样的，许多真正好用的、有用的想法、创意，都出自基层实操人员。

华为销售的第一款电信设备JK1000并不成功，紧接着在1993年下半年就推出了一款重磅产品C&C08数字程控交换机。最初的机型是一款2000门的交换机，号称万门机，在浙江义乌开实验局，产品问题非常多，以至于研发团队几十个人搬到现场"守局"，现场改bug（漏洞），花了几个月的时间来搞定。

从顾客的角度看，产品质量不合格都是厂商没良心，其实这只是一种可能性。厂商提升质量需要一个爬坡过程，购买方识货也需要一个过程，市场都是在欺骗和反欺骗中逐渐成熟的。早年的温州鞋、倒卖到俄罗斯的轻工业劣质产品由于范围大、波及广，很长时间名声不好。回顾质量信誉比较好的日本、德国在工业起步时，也是假冒伪劣产品遍地，丰田的第一款汽车就是一个质量低劣的山寨产品。市场选择机制有规律，但没有价值观，通常开始时选择勇敢的造假者胜出，老实人被淘汰；然后慢慢地选择诚实、守信者胜出，骗子被淘汰。

华为早期主观上很想把产品做好，但能力确实不足，时不我待，公司需要快速发展。华为着急推出C&C08数字程控交换机的原因有二。第一，要迅速提供出可销售的大产品；第二，邮电部要收紧设备进网大门。后来，华为一直狠抓产品质量，研发人员日夜奋战，产品质量问题最终得到解决。电子产品的特点是最新的产品总是有更多的功能和更好的性能，所以很多企业市场销售部门冲得很猛，经常把尚未成熟的产品销售出去，用户购买后的真实使用倒成了公司测试产品的环节。这样做的好处是能拉动市场，产品销售得快，市场成熟得快，同时，研发总是在真实的市场一线完善产品，非常贴近市场和用户的需求。坏处也很明显，就是会影响品牌美誉度，而且在市场到处卖不成熟产品，研发虽然可以查缺补漏，但却极大地消耗了精力。华为并不是特例，早期很多企业都是采取这种打法来占领市场的。只是，这终究是一时之举，如果时间长了形成习惯，对企业的长远发展来说是弊大于利的。

到了2003年左右，华为开始大规模实施研发管理流程，就是传说中的IPD（集成产品开发，Integrated Product Development）。IPD有一个主要功能就是管控产品发布。华为也意识到了市场已经十分广大，原来的习惯打法不改正，产品出问题影响面太大，所以到处救火，研发也应付不过来。再者，华为已经是大公司，一个地方设备出事故，很多客户都会知道，非常影响商誉。于是华为逐渐收口不成熟产品的发货量，改掉了过去的习惯做法，逐渐建立了产品声誉，适应了全球范围的销售。很多公司在发展初期也像华为一样，市场冲得很猛，产品质量不过关，养成了有能力销售劣质产品的自负心态，恶习难改。随着顾客越来越懂行，越来越挑剔，这样的公司就慢慢把竞争力磨损掉了。

C&C08数字程控交换机是华为的明星产品，推出时间正好赶上固定电话大发展的机遇，市场需求量巨大，这款产品为华为赚取了很多钞票。华为抓住机会，大举进入了接入网、传输设备、智能网、移动通信、数据通信等所有主要电信设备市场，很快成为产品线最齐全的电信设备厂商。

电信设备销售规矩多、流程长，客户采购决策复杂，华为在适应电信设备销售规矩的同时，也发明了更多的套路和招法，创造性地解决实际销售问题。

例如，B2B（Business-to-Business 的缩写，指一个机构将产品或服务销售给另一个机构）销售中，接待客户是一个通用的环节，任正非就极其重视客户接待工作。1994年，也就是进军运营商市场的第二年，华为就成立了专门接待客户的接待科，后来升格成接待处。当下人们对"科""处"这样的称谓往往无感，但在那个年代或者国营体制内，则代表了级别的不同。1997年，任正非更进一步将客户接待处升格为"部"级单位，又说接待客户是系统工作，因此改名为系统工程部，1998年又改名为客户工程部，将客户接待工作当作系统工程看待。

1999年我刚进华为时属于销售人员，要在客户工程部接待两批客户，在"老司机"的带领下，学习给客户订旅游计划、陪游、点菜、陪吃等服务的技巧。

客户工程部是一个专门接待客户的组织，老板又亲自抓，遇到级别高的客户，高层领导、老板本人也陪同。因此该部门自然会非常挑剔各种细节，最终越做越细，越做越好，成为华为公司销售环节的一个亮点。

2017年，我已经从华为"退休"，有一次回华为陪同接待一个大公司董事长带队的高管访团。接待饭局安排在了华为自己的一个餐厅里，餐前，工作人员在餐厅外的草坪上布置了点心台，红酒、饮料、甜点一应俱全，可供双方交流时享用。正式饭局上，我穿着正装，坐在董事长边上，饭桌是一张长条形的桌子，每两个人后面都有一位身穿旗袍、样貌形象很好、气质落落大方的服务员，随时给客人提供服务。每位就餐人员面前的餐台上，都放着共8件西餐用的刀叉之类的餐具。我一看这餐具都是银柄的，就顺便问了我身边的服务员："这餐具的柄是镀银还是纯银的？"有时我会问一些稀奇古怪无厘头的问题。这个问题服务员肯定没有培训过，回答说："可能是镀银的吧。"后来过了几分钟，服务员悄悄地跟我说："孟总，这是纯银的，不是镀银的。"其实我是戴着华为工牌的，服务员知道我是自己人，是陪同人员，这个问题也就是随口说说而已，大可不必认真。但从这个细节中，我们可以感受到华为接待人员是多么认真。其实，正餐的餐点没有什么特别稀奇的山珍海味，也不会有鱼翅、燕窝这种有争议的食品，只是一些普通的食材。但吃完饭后，客户董事长说："我们的接待比华为还是差很多，回去好好学习，好好改。"他们也是一家年收入近千亿元的私人企业。可见良好接待不在于贵，而在于细节。

虽然良好的接待不会转化成订单，但得到客户的好感，客户就会给你加几分，积跬步，至千里。通过良好接待客户，印象好几分，交流深入几分，关系增进几分，这些累积起来，就是销售的胜利，这就是华为营销模式的实操经验和精髓。

1993年，华为顺利推出了C&C08数字程控交换机产品，但有的市场还是很难进入，因为数字程控交换机的使用是采用子母机部署的方式，比如A机房部署一个母机，B机房连着用户部署一个子机，子母机之间的通信是私有协议，必须是同一个厂商的设备，别家厂商的产品占住了母机，你的产品就很难打进去。C&C08数字程控交换机出来的时候，国内主要城市的市场都被国外大型公司占据了，所以C&C08数字程控交换机的销售主要还是走农话（农村通信电话）市场，农话市场的分布稀稀落落的，肯定比不了城市。为了攻打城市市场，华为公司研发了一个叫作"接入网"的设备，它一端连接用户的电话机，另外一端连接别人的交换机,可以把它理解成规模稍微大点的用户交换机。

在华为之前,接入网只是一个标准、一个概念,华为为了突破市场,把这个概念做成了产品。用新概念、新型产品突破市场是很困难的,怎样才能说服客户,让客户相信这种新型的设备可用、好用呢？1997年,华为发明了样板点打法,就是在实际网络上找一个样板网点,带着新客户去实地考察参观,有时还需要样板网点的客户出面说明,这样就更有说服力。样板点打法虽然不复杂,却很好用,用眼见为实解决了耳听为虚的问题,后来成为华为销售设备的一个固定套路——"建样板点,带客户参观样板点"是产品行销部的职能和流程。我初进华为时,样板点打法已经在全公司所有产品销售上采用,随着销售进展,我们部门负责建了好几个样板点。在客户关系比较好的、有典型意义的地方,部门会派人去建样板点,其中包括操作的主要步骤、方法指导等。公司就是用这种方式让员工都能做好自己负责的那个环节,这些环节加起来就是成功的销售。

从1993年开始主攻电信设备市场,到2000年,华为销售电信设备的方法、程序已经非常成熟,花样比较多,但也不太复杂,都在普通员工可以掌握的范畴之内。销售漏斗、增加接触点等销售方法都完全公开透明,没有什么秘密，大家可以互相借鉴。华为能够成功的原因最主要的是销售的每个环节都做得非常好，通过专门化的分工，让员工都能各司其职，做得非常优秀。比如，我们这个行业需要和客户做技术交流，华为对制作胶片、讲解胶片的环节非常重视，领导也参与审阅、修改，于是用于实战的胶片就越做越好。

2000年，华为销售额已经达到220亿元，比前一年增长了100亿元之多。这一年，全国邮电通信业完成邮电业务总量为4725亿元，比上年增长41.9%，达到华为成立时的50多倍。邮电通信业业务的倍数增长，第一是缘于中国市场经济高速发展和中国市场的广大，第二是全球通信行业的集体亢奋，尤其是对互联网的追捧和鼓吹，也形成了对通信行业的投资热潮。实际上，在高速增长的背后，泡沫已经渐渐形成。

2000年，华为已经拥有了包括移动通信设备在内的所有电信设备，其中固定电话设备已经是白菜价了，用户增长也已经见顶，但移动电话需求刚进入爆发期，移动设备比固定电话设备的市场空间更大，也更赚钱。当时华为的口号是"有线（固定网络）的市场是有限的，无线的市场是无限的"，华为也准备大干快上，招兵买马。然而，一场突如其来的危险正在悄悄降临。

华为在这一阶段发明了各种营销套路,摸清楚了电信设备销售的规律,不断总结、提炼真正能够解决销售问题的方法,对于关键的环节建立专业化的组织,并不断优化,最终形成了分工协作明确、打法有秩序、操盘更可控的销售体系。

全球发展

2000年,华为销售额依然暴涨,从1999年的120亿元涨到了220亿元。到了2001年,美国互联网泡沫的破灭波及了中国,华为扩大再生产的计划一脚踏空。2001年,华为开始大规模拓展海外市场,投入巨大,但销售额只增长了5亿元,只有225亿元,2002年也只有221亿元,销售额在220亿元附近徘徊了三年。电信设备和其他IT设备一样,不断地降价,如果销售额持平的话,利润就会下降许多,再加上扩大再生产和海外市场尚未打开销路,大量烧钱,销售额却上不去,华为的资金开始变得有些捉襟见肘,此时公司内外交困,人心惶惶。2002年,华为新招了大约6000名新员工,结果大家来到公司之后没事干,一个个急得团团转。公司迫不得已,把这些人下放到各地办事处干装机、开局工作。任正非后来回忆这段经历说："2002年，公司差点崩溃了，IT泡沫的破灭，公司内外矛盾的交集，我却无能为力。（我）有半年时间都做噩梦，梦醒时常常哭。"

人们往往用事后诸葛亮的视角评判过去的历史。华为的经营向来比较稳健，为啥也会遭遇互联网泡沫危机呢？因为未来原则上不可知，企业必须在努力向前冲和稳妥之间选择。没有人能够确保每一步棋都踩到点上。就像炒股，没有人能抓住每个波段。激进和保守都是一种性格，做不到该激进时激进，该保守时保守。激进的公司来了机会能飞得高，风险出现时也摔得重，这一切都是最基本的法则——未来不可预测决定的。赫拉克利特说性格决定命运，企业的命运也是由企业的性格决定的。

2000年，在互联网泡沫最高潮的时候，李一男从华为辞职创办港湾网络，2001年开始从华为大量挖人，这一年，从华为辞职的员工达3000多人，华为面临成立以来最大的危机。2003年，华为初步度过危机，销售额增长到317亿元，2004年又增长到462亿元。2003年港湾网络也起势了，港湾网络成立之初和华为达成的默契是华为专注于电信设备市场，港湾网络主要开拓企业网市场。后来港湾网络觉得企业网市场分散，不容易爆发式增长，就像当年华为从专网转电信市场一样，还是决定进攻电信设备市场，想抓住宽带建设的机会。

这样一来，港湾网络就动了华为的核心利益，于是华为成立了专门的"打港办"，负责统筹"打港"事宜。港湾网络的销售额大约十几亿元，但势头很猛。2003年，华为拿出15亿元的战略补贴打击港湾网络，计划不惜一切代价也要把对方的销售额打压到接近于0，各地的主管如果把有点名气的项目输给港湾网络，就地免职。"追杀"了两年多的时间，华为终于打垮了港湾网络。

很多人不理解华为为何要用如此极端的行动打击港湾网络，"本是同根生，相煎何太急"，但这个理解是不对的。企业的商业行为主要是两个：挖掘并满足用户需求；打压竞争对手。如果华为当年不把港湾网络打垮，后者就会上市，并借助资本市场的金融武器，反过来绞杀华为。因为华为自己不上市，就少了资本市场这一重磅武器的支持，一旦到了这个地步，公司就会非常困难。这就是华为对待竞争问题的战略缩影，优秀的销售必然也是解决竞争问题的高手。

华为在处理竞争问题上是行家里手。它把竞争对手分成几种类型，对于威胁到华为生存和发展的对手，就下狠手残酷打击和压制；对于一般的竞争对手，则用常规的手段应对。由于华为所处的行业都是集中度很高的行业，就那么几个竞争对手，你多了，我就少了。身处这样的行业必然要有很好的竞争策略，并且贯彻到公司产品线、公司销售体系中去。

华为在1996年就派出了几个人去国际市场试水，到1998年时，开始成建制地开拓海外市场，建立专门组织，准备大规模进攻国际市场。最早选定的拓展目标是俄罗斯、巴西等国家，主要是考虑这些国家人口比较多，和中国发展水平相似，且处于通信市场爆发期，市场比较容易拓展。

但实际情况和想象的并不一样。1996年华为派人去开拓俄罗斯市场，正好赶上俄罗斯经济衰退。市场开拓初期总是充斥着假冒伪劣产品，经过这一倒腾，很快就把"中国"这个品牌搞砸了，也导致华为市场开拓进展不顺畅。不过华为对俄罗斯市场还是寄予厚望。为了打开销路，1998年，华为与俄罗斯电信合作，建立贝托华为合资公司，即使如此，还是无法把产品卖出去。直到1999年，才由于一个偶然的机会——卖给俄罗斯电信一根线缆，签了一个价值38美元的合同，算是达成真正意义上俄罗斯市场销售的第一笔订单，整个销售过程用了将近4年的时间。此后，俄罗斯经济复苏,华为的市场开拓还算顺利,2001年,华为在俄罗斯的销售额达到了1亿美元。

海外拓展也有相对顺利的市场。华为前副总裁杨蜀于1999年年底被委派去开拓泰国市场,2000年年中就签了一个总额5000万美元的大合同,这是一单成本极低的移动智能网合同,以软件为主,主要是给当时泰国第一大运营商AIS解决移动电话预付费问题。5000万美元,利润率极高,华为赚得很多,但客户赚得更多。华为的销售方法主要是先试用不收钱,好用再收钱,再扩容。因为预付费模式提供的方便性,降低了使用移动电话的门槛,让AIS的用户一下子暴增。华为装系统的时候,AIS总共有200万用户,装了系统后最高峰时期,一个月就增加100万用户。这是一个非常典型的双赢方案,说明满足用户需求是销售中最重要的事。

"有意栽花花不发,无心插柳柳成荫",面对陌生的市场,真实情况和预计的情况经常不一样,只有通过实践才能发现问题、解决问题。搞企业、干销售比较成功的人,不是善于推理的人,而是勇于行动的人。

国际市场销路打开之后,后面的推进就相对顺利了。到了2005年,华为全年销售收入有40%多来自海外,全年总销售额也达到了667亿元。

华为海外销售突飞猛进的原因是——

首先,华为的产品已经在国内被运营商大量使用了,产品比较成熟,有竞争力。中国运营商的网络是全球最大的,基本上也是最先进、最复杂的网络。一开始华为打不开销路是因为海外运营商对华为的认知度比较低,当这种认知度被改变之后,销售就比较顺利了。例如,在开拓泰国市场时,华为采用的策略是先给客户安装试用,产品不好用的话不收钱,事实很快就证明了产品确实好用,这才是关键。

其次,华为采取了非常激进的政策倾斜。为了让大家奔赴海外拓展市场,华为给予员工很高的物质激励和升职激励,而员工不去海外锻炼就不能提拔,双向夹击,把大量员工逼到海外开拓市场。在探明了市场情况之后,优秀人才跟上了,销售进展就十分迅速。2001年年初,任正非做题为《雄赳赳,气昂昂,跨过太平洋》的讲话,开头说:"当时的高级副总裁徐直军说:'我们将市场部的干部分为三类,第一类是全世界所有地方任由公司安排;第二类是国内所有区域任由公司安排;第三类是只愿意在国内经济发达地区。我们将第一类干部作为公司优先考虑提拔的人选。在薪酬福利待遇方面,华为也采取向海外市场人员倾斜的政策，除工资和晋升之外，海外人员的奖金相当于国内同等人员的3~5倍。'"华为要做成一件大事，能够调动全公司的力量，集中力量办大事的制度性优势非常明显。直到现在，虽然公司业务已经扩展到手机、云计算、企业网等，但公司的财权、人事权还是统一调度的。这种规模的公司的大平台结构是独一无二的。

最后，时机非常好。华为拓展海外市场的时候，国外的不发达国家正好进入电信大发展时期，2005年之后，发达国家则进入了3G网络建设时期，正是网络更新换代才出现了机会窗。

华为在海外市场拓展时也遇到过一些重大问题，第一个重大问题就是交付。比如国外有些小型运营商的能力不足，在采购设备时，需要厂商提供"交钥匙"工程，就是对方只出钱，华为要交给客户一个完整的可直接收钱的网络，但华为在国内市场没有这方面的经验，因为国内的运营商能力强，他们宁可购买设备，也不允许你交钥匙垄断他的网络。但这些小型运营商在采购时，首要考虑的不是引入多个厂商——有利于讨价还价，而是需要少量的厂商解决其所有的问题。随着2005年海外销量起来，"交付"一度成为华为的瓶颈。那时候在公司开会，天天听到的就是交付、交付。

在很多国家，华为交付压力极大。后来，华为就学习爱立信的先进交付经验，其中一个典型的方法是"按站点发货"。原来华为拿下订单，开始工程勘测、建移动基站的时候，会按照分门别类的方式发货，并由在当地的交付人员将东西分好运送到各个站点，这样就会出现一旦缺少配件，当地又采购不到，有的就需要从国内采购邮寄过去，而这些都要走流程，可以想象，这是非常耗时费劲的。华为打听到爱立信是"按站点发货"的，在施工前，站点勘测和规划工作做得特别详细，每个站点需求的主机、零配件都装在一起，统一发货，这样一线的交付工作就简化很多。然而这套流程却折腾了好几年才成熟，因为每个环节都要不断摸索、改进，还要重新培训人员、传授经验。但这样的方法一旦成熟了，就能解决很多问题，交付效率也明显提升了。当我们解决了关键问题之后，回头去看会发现解决问题的方法并不神奇，也不是很难。事实上，大多数公司不是被天大的事难住了，而是在很多具体环节上没有发现问题，即使发现了也没有解决问题，一个个的小障碍削弱了公司的竞争力。

关于海外交付还有很多故事，最具影响力的是马来西亚电信事件。2010年8月5日，华为董事长孙亚芳收到一封电子邮件，邮件主题是"TM（马来西亚电信）对华为在马电国家宽带项目中的一些问题的关注"。由于华为没有能够很好地交付项目，客户的愤怒情绪跃然纸上。最终因为这个项目，华为进行了一次大整顿，波及固定网络所有产品线。

华为和马来西亚电信签订的合同比交钥匙的需求又向前推进了一步，在合同中有EOT（建设、运营、技能转移）要求，就是华为要把网络建好，运营好，然后再把这些能力传授给马来西亚电信，由马来西亚电信接手网络运维。华为彼时只会建网络，没有什么运营网络的经验，赶着鸭子上架必出问题，而解决了问题，就意味着掌握了一种新的技能。

华为有一种面对问题能够坚持实事求是的文化。出于现实利益和人性的原因，一般人们面对事情都会选择报喜不报忧，常常捂盖子、说假话。华为通过多种手段解决了这个问题，比如每天中高级干部都会宣誓"干部八项工作作风"，做到不说假话，不捂盖子，对困难不躲闪，对矛盾不回避；各个部门的述职模板首先都是问题是什么，哪些方面做得不好。而一旦出了问题之后，公司也不会因为怕丢人出丑秘而不宣。马电事件发生之后，华为曾将事件前前后后的各种细节都公布了出来，如今网上都可以查到。

对于一家公司来说，坚持实事求是、坚持透明是非常重要的，回避、掩盖问题只会造成更大的问题。

华为拓展海外市场遇到的另一个大问题是，如何拿下发达国家的一流运营商，攻下战略高地。困难有两点：一是国外一流运营商的成立年头比较久，规矩多；二是华为品牌美誉度不行，人家会低看一眼。时至今日，即便中国GDP已经成为全球第二，还有相当多的国人都没有自信，何况别人看你呢？这是宏观层面的障碍。

销售工作则是具体的，就是去攻一个一个的客户。2004年，华为获得了一个机会，英国电信（BT）想"搞事"，他们提出要搭建一个21CN的网络模型，想找厂商做解决方案。有些厂商其实不怎么把这件事太当回事，一般都是采取高举大旗、原地踏步的方式应对。实话说，客户方不太可能比厂商更懂技术，就像你不可能比耐克更懂运动鞋，比吉利更懂汽车。在细节上客户有可能提出一些实用的功能需求，华为也因为及时满足这些需求而获得了竞争力。但是，BT公司提出的不是细节，不是具体功能，而是一个构架宏大的网络模式。当时，我对这个方案也略知一二，觉得有点胡扯，搞不明白公司为什么花这么大的精力搞一个不太切合实际的东西。

但当时华为上上下下都非常重视BT公司提出的21CN网络，经常和BT管理层开会沟通这个网络应该怎么搞。虽然后来21CN网络构架项目不了了之，华为却因为这个项目成为BT公司的战略合作伙伴，就是BT最高层次的供应商。我慢慢领悟了公司决策的高明之处。假设BT公司提出的真是一个非常先进并切实可行的方案，多半可能是轮不到华为去做的。大领导早就明白这一点，又不便说破，于是命令大家无条件配合。在双方深入交流沟通中，建立并推进了客户关系，达到突破国际一流运营商的目的，这叫"假作真时真亦假，无为有处有还无"。阿里巴巴也有"借假修真"一说，还有个成语叫骑驴找马，说的都是类似的意思。很多聪明人不明白一个道理，市场上很难有摆在那里等你去干的机会，也绝没有等着你去干的活。实干家都是先扑上去搞，搞着搞着机会就出来了。

2003年，任正非在一篇《发挥核心团队作用，不断提高人均效益》的讲话中引用克劳塞维茨的话说："要在茫茫的黑暗中，发出生命的微光，带领着队伍走向胜利。战争打到一塌糊涂的时候，高级将领的作用是什么？就是要在看不清的茫茫黑暗中，用自己发出微光，带着你的队伍前进；就像希腊神话中的丹科一样把心拿出来燃烧，照亮后人前进的道路。越是在困难的时候，我们的高级干部就越是要在黑暗中发出生命的微光，发挥主观能动性，鼓舞起队伍必胜的信心，引导队伍走向胜利。所有的领导们一定要像丹科一样，一定要像克劳塞维茨所形容的高级将领那样，在茫茫的黑暗中，鼓舞精神，激励斗志。大家鼓舞士气，高唱着歌向前，最后活下来的可能就是华为。"

2020年年末，任正非在送别华为荣耀团队讲话中说："我们曾经十数年的相处，我们近似严苛的管理，将你们一批天真浪漫年青的小知识分子改造成能艰苦奋斗的战士。"对这一句话，我深有感触，人进入到了企业，就是要想办法通过行动立功。

虽然对企业家有各种各样、不可穷尽的理解和定义，但我认为，只有一条定义——企业家是带领大家创造机会的人。没有机会，任何勤奋、聪明、才智都无用武之地。

突破一流运营商，还要满足他们复杂的采购流程和认证。国内的运营商虽然更大，但由于成立时间短，相对更务实，在采购流程中最关注的是产品本身的质量。国外大运营商则还要认证产品的开发流程，供应商的愿景、使命、价值观，甚至是员工食堂、生产线等标准。在我看来，这些复杂的认证大多数对买方其实没有什么价值。一个公司总是有各种各样的人要吃饭，要立功，其中也有很多制造事端的负功，很多组织往流程里添加不必要的成分，导致流程越来越沉重、复杂，运作效率低下。就像一棵果树，枝杈上的叶子是提供营养的，但树杈和叶子太多了也会影响果树生产，所以才要剪枝。华为经常给自己"剪枝"，简化流程，但不能给客户剪枝，作为弱势的卖方，唯一能做的就是满足买方提出的各种认证需求。华为在一本官方的书里面说，搞了这么多年IPD，最大的作用是满足国外运营商的采购认证。

突破BT之后，华为对海外销售有了信心，尤其经过BT公司的折腾，华为在符合国外一流运营商采购认证标准方面也有了巨大改进。同时，BT公司也变相成为华为突破一流运营商的样板点，这样再向其他一流运营商进行设备销售就容易多了。于是，华为接下来就顺理成章地突破了一系列的全球一流运营商。

面向国外大型运营商的销路打开之后，华为在销售额上逐年增长，也有资金继续在产品研发和技术迭代上砸钱，直至成了5G网络方面的领先厂商。任总在很多场合说"华为的发展就是因为我们傻"，外人可能听不懂这句话的意思，觉得他的这种说法是在矫情，实际上是真事。任总的意思是我们并没有预见到什么，只是公司舍得花钱，下笨功夫，激发了一堆想立功的人硬凿，有时就把路凿通了。

任总是知之为知之，不知为不知的智者。他领悟了什么可知，什么不可知。可知的坚决执行好，不可知的不做盲目判断，未来不可知又要行动，怎么办？就是实践，在实践中逐渐探索，找到出路。

多元化拓展

把全球的大型运营商市场都拿下之后，华为在电信设备市场的开拓上真正触及了天花板。尽管任正非一再强调管道会像太平洋一样粗，但事实并非如此，运营商设备市场已经开发殆尽的情况很明显。公司碰到天花板之后，尽量维持规模和现状是一种常见的策略，还有一种策略就是开拓新的领土，进入不太熟悉的领域。

在华为的官方文件《华为公司人力资源管理纲要2.0（总纲）》中，他们将2010年之后这一阶段命名为"2010—2016，走向2B+2C"，华为内部并没有提"多元化"这个词，因为多元化在华为是负面的。在任正非的讲话中，"聚焦""主航道"是提到最多的词，且深入人心，公司也在解释华为的成功原因时，经常提到"聚焦"。这与多元化是相反的。

但华为其实并不聚焦，即使是当事人，也经常不能正确地描述当时发生了什么。任总不断强调"聚焦""主航道"是事实，但真实执行的结果却是多元化策略。在电信设备厂商中，爱立信是非常聚焦的，多年以来一直专注于提供移动设备；思科也是非常聚焦的，一直专注于数据通信设备。华为在通信设备中有最广的产品线，2010年之后又将业务延伸到了企业网、手机、云计算、数据库、操作系统、自动驾驶等多个领域。除去试验性的研发，就实质性的业务而言，华为也是涉及面最广的公司，把以计算机编码为主业的公司全部搞成了竞争对手。

尽管老板差不多每次讲话都提"聚焦"，实际上这话并没有说死，华为每年干部工作作风宣誓大会中都明确宣誓："主管的责任是胜利，不是简单的服从。主管尽职尽责的标准是通过激发部属的积极性、主动性、创造性去获取胜利。"

2011年，任正非在一次无线业务会议讲话中说："我们要力出一孔，力量从一个孔出去才有力度。我们'利出一孔'做得比别人好。但是我们的'力出一孔'做得不好，研发的力量太发散，让竞争对手赶上来了。每一个产品线、每一个工程师都渴望成功，太多、太小的项目立项，力量一分散就把整架马车拉散了。"

"力出一孔"这个词可能是任正非修正创新出来的，原词出自管仲的《管子·国蓄第七十三》："利出于一孔者，其国无敌；出二孔者，其兵不诎……"这很可能是任正非当时刚知道的一个新词，此前讲话中从未出现过。他把"利出一孔"的意思改装了一下，强调聚焦。仔细读任正非的讲话，就能看出来他的学习痕迹以及生而知之的特点。他可能2011年才学习到管仲"利出一孔"的思想，而早在此之前，就知晓员工只有获利渠道单一才会把精力聚焦到工作上。很多朴素的道理不用学、不用知晓别人的归纳，他也知道该怎么做。

"力出一孔"在华为的管理体系和销售体系中是非常重要的管理方略。华为多年以来一直奉行对腐败零容忍的政策，公司给的钱是唯一收入，要求员工心无旁骛。华为有相当长的时间规定不许员工炒股，炒股也是违规，虽然实际上无法执行到位，但这就是公司的一种态度。许多公司的销售人员都有一些灰色收入，如自己开一个公司，倒卖一些货物，这会极大地消耗公司的战斗力。任正非深知腐败的巨大危害，在制度设计上把这作为一个突出问题对待，其中最有效的手段就是市场部人员的轮换模式，通常主要的销售人员和主管在一个地方只能工作三年，到期就要换工作地点，这样一来，他们就没有办法在工作地扎根，精力就会全部聚焦于工作之上。

任正非不断强调聚焦，但没有完全捆住大家手脚，而是采取强烈的立功文化导向，让华为的千军万马不断去开疆拓土。其实，把华为的聚焦理解成"竞争力"更准确：公司不是硬性规定一定不能做什么，而是要避免浅尝辄止导致做不出有竞争力的产品，避免出现越来越多的"枯枝"。

2011年，华为划分成了三个BG（Business Group，业务部门），除了原来的运营商业务部门，又新增加了企业业务部门和终端业务部门。其实在成立这些业务部门之前，有些业务已经实质性运作了好多年。华为2001年就搞了"专网"部门，通过代理向运营商之外的用户销售一些设备。华为终端部门也有久远的历史，最早是给华为"村村通无线系统"配套无线终端，后来做小灵通手机，又给3G设备做配套。不过终端产品在华为布局中一直是一个配角，1994年华为的C&C08数字程控交换机出来之后，华为曾做过多款固定电话机，成本根本无法与国内其他厂商竞争，而且质量也不过关。有过这个痛苦经历，华为对自己做终端产品没有一点自信。

华为在终端领域最终找到属于自己的位置，源于发现了数据卡这一门小生意，从2007年开始，华为连续4年领跑数据卡市场，占据了55%的市场份额。2008年秋，华为想把终端打包卖掉，结果阴差阳错没有成功出手，最终华为终端被逼上梁山，只好想尽办法做好手机业务。

移动电话本来是摩托罗拉发明的，是移动网络设备的附属产品，第一拨手机的主导公司是摩托罗拉、爱立信、诺基亚等电信设备公司。后来，随着技术和商业环境的变迁，电信设备公司经营的手机越来越没有竞争力。大家都默认了设备厂商做不好终端是一个真理，华为自己也这么认为，对移动电话为主的终端设备相当打怵。

华为的多元化并不是通过投资或者购买其他公司实现的，其新业务完全是内生增长模式，这才更具有讨论价值。

一个大公司进入一个新领域的障碍主要有三种：

1. 组织方式不适应；
2. 不会在新领域销售产品；
3. 不理解新领域用户需求，不会做产品。

这几条之中最难的其实是在新领域销售产品，只要产品能销售出去，其他问题就迎刃而解。

"隔行如隔山"这句话值得做一下深入的解读。手机的物理性质和PC（个人计算机）是相似的，手机就是一台有通信功能的掌上电脑。在销售对象上二者相似之处也很多。但手机比PC更方便随身携带，于是就有了更多情感属性，在产品模式和销售模式上就产生了差别，按照PC的套路卖手机就不容易成功。联想主营PC业务非常稳固，在移动终端领域，联想在功能手机时代做到过国内第一，在运营商送手机的时代，其智能手机也做到过国内第一，应该说已经摸到了手机行业的门道，可还是被迅速变化的市场淘汰了。手机作为摩托罗拉、爱立信等电信设备公司的附属产品时，厂商把手机卖给运营商，运营商再卖给顾客，当运营商渠道让位给社会渠道时，原有的手机厂商也让位给了诺基亚、三星等定位消费电子的厂商。同样推销云计算，阿里巴巴擅长用地推模式向中小企业销售，华为则擅长团队作战，拿下大项目。一个公司很自然地会延续自己熟悉、擅长的方式工作。大公司有流程、有组织，这些东西共同构成了大公司惯性运作模式。

华为进入手机市场的难点是要面对完全陌生的顾客群体销售产品，向数量庞大的消费者销售产品和向少数运营商销售大项目完全不同，原来成熟的套路和团队完全用不上，进入这一市场要从零做起，对于靠惯性运作的大公司是巨大的挑战。

　　华为手机业务的发展就可以说是从外行到学霸的演变。2010年,中国还是功能机的天下,诺基亚占据了功能机的绝大部分市场份额,华为、联想、中兴、酷派等功能机的市场份额都在1%左右。2011年,智能机爆发,运营商为了获得用户,都采取了激进的"充话费送手机"的营销活动,运营商一下子成为手机销售的主体对象。到了2012年,熟悉如何通过运营商销售产品的联想、华为、酷派、中兴的智能机市场份额仅次于三星,位列第二到第五位,市场份额在8%~12%,这四家厂商被称为"酷联中华"四大金刚。

　　运营商送手机是为了获得用户,当然越便宜越好,四大厂商的手机业务有份额没品牌,有销售额没有利润。给运营商做贴牌手机更是一个鸡肋业务,运作成本更高。当运营商通过送手机瓜分用户之后,他们必然不会再高额补贴送手机,手机市场必然还会还给自由市场,这一趋势所有人都知道。2011年10月,华为高管和终端公司高管在三亚开会,会议决定要面向最终消费者研发手机,运营商只是其中一个渠道。看到这一点不难,因为运营商渠道只是临时性的,手机如果无法变成获得消费者青睐的产品,是不可能有竞争力的。华为的过人之处是总能实事求是地面对现实，上面有想法，下面有办法。公司决定面向消费者做手机，手机部门的人就要探索如何满足消费者需求。一个公司如果能够这样落实公司战略，战略就是有效的，否则就是空谈。用通用电器前CEO（首席执行官）杰克·韦尔奇的话说："别人只是知道，而我们能做到。"

从成立消费者BG起，华为就下定决心做手机了，不是以前那种打酱油的状态。这也是华为拓展新业务、新市场的模式，它不是一开始就重拳出击、势在必得，通常的做法是小部队自发地去搞一搞，看一看，摸索出一点门道后，再火力全开、饱和攻击。

2012年1月，华为面向消费者的第一款手机Ascend P1发布，意料之中，没有搞出任何动静。接下来华为又发布了D1、D2、Mate 1、Mate 2、P2等六七款高端机，多路径、多品种地探索市场，屡败屡战。2012年9月22日，终端业务总裁余承东发了一条微博，写了华为手机的七条战略：

1. 从ODM白牌（从第三方手机设计公司拿货卖给运营商）运营商定制，向OEM（自己设计，委托第三方制造）华为自有品牌转型；

2. 从低端向中高端智能机提升；

3. 放弃销量很大但不赚钱的超低端功能手机;

4. 启用华为海思四核处理器和Balong芯片;

5. 开启华为电商之路;

6. 启动用户体验Emotion UI设计;

7. 确立硬件世界第一的目标。

这七条是根据华为手机现状深思熟虑后定下的策略,如果真能落实,华为手机一定会上一个台阶。

扭转趋势需要很多要素:

一是,抓住主要矛盾,认清主攻方向,发起持久的进攻。华为手机就是持续地在科技和研发上重度投入,生产更符合消费者需求的产品。

二是,要有狠人气质,长期坚持。华为说厚积薄发,"板凳要坐十年冷",这句话可不是说说而已,而是真得这么干。

三是,时机也非常重要。华为进入手机市场刚好抓住了智能机爆发的机遇,运营商送手机圈用户给华为这种电信设备商出身的厂商进军手机市场搭了一个台阶,让华为入门,熟悉了手机市场各个环节。

四是,多路径探索,不停地折腾。华为手机多系列——手机产品线丰富；多方法——销售方式多样化，线上、线下都努力探索；多特性——在手机各个功能上寻找卖点来探索出路，看看市场到底接受什么特性。华为在机型上尝试过尺寸最大、待机时间最长、最薄、信号最好等许多卖点，只有不断地尝试，用各种产品刷存在感，这样才能比较快地找到出路。

进入一个新行业的首要障碍是营销，但营销其实是没有秘密的，竞争对手管用的招大家都看得见。华为营销的优势主要体现在三个方面：第一，细节，虽然大家都安排参观公司，但华为比对手在接待细节上做得好。第二，找到属于自己的营销之路。手机行业中OPPO、vivo渠道建设很成功，有独特的渠道政策和激励手段，华为的体制使得它没法照搬两家的做法，所以就把OPPO和vivo的一部分成功做法拿来，再结合华为的特点，逐渐磨合出一条适合自己的道路。成功通常都不能完全拷贝，每个公司甚至每个人都要走出自己的路。第三，勇气和决心，即对新行业的营销特性去凿深吃透的勇气和决心。

2014年9月4日，华为发布了Mate 7。发布后两个星期内，第一批用户和测评机构在使用过后，给出了很多好评，于是两个星期之后，该款手机意外火爆，一机难求。华为

Mate 7低配版的定价是2999元,高配版的定价是3699元。当时,国产手机没有厂商敢定3000元以上的价格,华为本来也只是一种尝试,计划销量是二三十万台,没指望卖多少。结果由于市场火爆,预备的原材料太少导致生产延后等因素,这款手机竟然在相当长一段时间里要加价500元以上才能买得到。到最后,华为Mate 7总共卖了600万台。华为手机在多路径、多梯次进攻之后,终于做了一款爆品。

代理商一看卖华为手机能赚钱,纷纷上门要合作代理,原来求爷爷告奶奶人家也不愿意卖,通过一款爆品,让渠道能赚到钱,渠道发展体系就打开了。

华为奋战了20多年的电信设备销售就像陆军进攻,是一单一单地死磕,而个人消费品或者互联网服务销售就像空军进攻,靠的是势能和广泛的影响力。华为熟悉陆军的套路,不懂空军战法,怎么办?就是一点点学,挖来懂行的人、分析竞争对手、尝试各种方法,慢慢地掌握其中的要领和实操方法。

为了学习手机销售,华为也聘请了熟悉手机销售的管理者,并立下规定,要听专家的,不要插话,人家怎么说就怎么做。现在网络上的各种争论让大家知道,任何一件事情,只要陷入争论就不会有结论,就会无休止地争论下去，甚至可能激化矛盾。华为早年为了变革，提出削足适履，先僵化、再优化等说法，这个说法类似于邓小平提出的"不争论"原则，既然华为自己没有向最终消费者销售产品的经验，那么就要听有经验的专家，等熟悉了才有发言权。2020年，美国断供华为手机芯片，华为终端几乎遭遇灭顶之灾。同行挖了不少华为的员工，但我零星听到华为员工在其他公司发展得并不好。其他公司没有华为这种削足适履、不争论的管理思想，可能是一个重要原因。

华为为了销售手机，市面上各种各样的套路都去学习。2011年秋，小米炒热了线上销售手机的模式，销售强劲，打得传统厂商节节败退。许多手机大厂都因此学小米的销售方法，最后真正做成功的只有华为的荣耀手机。2016年，OPPO、vivo两家厂商由于精耕细作传统渠道，手机销售做得风生水起，华为又发出了学习OPPO、vivo的文件。一个人、一个公司能做到谁的某个方面做得好就向谁学习是非常困难的，通常人们对整体上不如自己的同行都是漠视的，马云总结的"看不见、看不起、看不懂、来不及"描述得非常形象。

再到后来，华为博采众长的做法被中国其他手机厂商所借鉴，最后所有厂商都搞了线上线下联动销售，也都搞了双品牌策略。

空军类业务一般比陆军类业务有爆发性，华为摸到门道之后，业绩开始突飞猛进，2018年华为终端业务的销售额已经超过了经营了30年的电信设备业务。

和终端业务同时成立的企业业务BG就没有这么顺利了。华为所谓的企业业务就是销售企业用的网络设备，这个市场具有非常分散、依赖关系销售、客户需求更加多样的特点。虽然也是2B型业务，但和运营商有限客户大规模采购模式完全不同，市场过于分散，所以堆人上去展开饱和攻击缺乏效率，不上人的话又拿不下来市场。

2018年，华为企业业务的收入是744亿元，在同行中算是最出色的业绩了，但只占华为总收入的10%，只相当于消费者业务的五分之一多一点。华为企业业务销售也用尽了千方百计，投入了大量的人员，华为在中国也有相当强大的品牌号召力，但仍然不能很好地解决市场分散的问题。

华为攻打企业网络设备市场的方法就是在国内投入重兵，用大量的销售人员地毯式地覆盖各个行业、各种项目，这种打法效率不高，好在中国经济发展迅猛，企业对ICT（信息通信技术，泛指计算机通信行业）产品需求大增，大型订单逐渐增多，华为用重兵覆盖这种销售方法也有了一定的经济效益。

通信设备最强悍的思科公司主要业务并不是电信设备，而是企业网络设备。思科比华为早成立三年，抓住了互联网大发展的机遇，通过强悍的综合竞争手段近乎垄断了企业网络设备市场，击退了好多家大公司的进攻，漂亮地完成了企业网络设备市场的整合。

但华为无法拷贝思科的打法，在思科已经先入为主的市场中，想要突破的难度是非常大的。比如奔驰车厂原来用的是思科的设备，思科代理商和奔驰相关人员都很熟悉，奔驰的ICT维护人员也很熟悉思科设备，ICT设备采购在奔驰公司只是一笔小钱，奔驰没有动力去替换思科的设备，华为要想拿下这个客户就非常困难，这就是所谓先发优势。

一般的胜利要靠攻坚克难、天道酬勤，这是华为擅长的；而巨大的胜利要靠改天换地的历史机遇。华为不以想象力和创新力见长，通常也不做改朝换代的想象和尝试，基本上就是按照业界既定的方法和惯例稳健经营，谁好跟谁学，通过"结硬寨、打呆仗"的方法取得胜利。华为拓展海外运营商市场，从大势上是赶上了建设3G、4G重新洗牌的机会，企业网络设备市场则没有迎来或者没有促成同样的历史机遇。

假如历史机遇不来，华为可以做到努力活下去，消耗竞争对手，并逐渐占上风。一旦历史机会来临，由于华为已经提前埋伏在行业中，浸淫多年，更容易抓住历史机遇，取得巨大胜利。

除了华为传统的电信设备直销模式，华为在消费者领域也取得了奇迹般的成功，对于市场中分散型的2B业务，华为也比绝大多数公司做得更成功，华为销售模式涵盖了销售的几个主干分支。销售不是在智力上、在资金投入上有巨大难度的事，它更需要组织和员工掌握一个个管用的方法和套路，这些方法和套路要靠目标坚定、执行力强、不断实践去摸索和掌握。

第二章

华为营销思想

由于华为辉煌的成功，有人把任正非说成是哲学家、思想家。2019年5月，任正非在接受采访时，有记者问他的管理哲学是什么，任正非回答："华为没有哲学，我本人也不学哲学，我认为华为所有的哲学就是以客户为中心，就是为客户创造价值。"

任正非说的是实话，他非常爱看书，但不以研究理论问题见长，在他很多的讲话中很少引经据典。他像所有成功的、能干的企业家一样，是一位阅读现实的高手，公司不断地实践、任总不断地琢磨，总结出一些零零散散的指导思想，这些思想体系化做得并不好，但它长期指导华为的各种实践，时间一长，也被华为人，尤其是领导层掌握了。

人们每天做的事情大部分都是由事件驱动的，比如销售人员上班要去拜访客户、安排各种活动。但是人们行动的方向则是由想法决定的，有人习惯根据关系去找各种产品来勾兑、有人根据自己的产品和特长想办法去找目标客户，想法不同，道路不同，结果就不同。

思想的作用有两方面，首先，销售工作不可能像生产线上的工人按机器的节拍工作，脑力劳动者的主观能动性很重要，当一种思想得到深入贯彻后，会指导人们的行动。其次，华为这种大型公司里的员工大多数情况下是在流程中执行任务，但建立流程和发明具体的操作方法是靠指导思想实现的。

华为销售方法像其他公司一样，也来源于实践，某个销售员发明了一种很管用的办法解决了某个销售问题，排除了销售障碍，这种办法在公司就会被推而广之。方法解决具体问题，在方法之上，指导思想则是关键，思想解决原则问题。华为拓展海外市场时，开局很不顺利，华为还敢不敢持续投入？如何调兵遣将？如何配合国内销售制订战略牵引计划？销售过程中各种事件的处理原则是什么？这些都需要思想指导。

华为销售气势凶猛，攻城拔寨。在电信设备销售成功之后，又很快跨越行业取得了巨大的成功。跨行业成功是很少见的，华为的跨行业成功证实了指导思想的威力。盖楼和修桥虽然都属于建筑行业，但盖楼和修桥的方法是不同的。它们相同的部分是都要用到理论力学、材料力学，都要画图纸。华为营销指导思想就相当于销售的理论力学、材料力学，虽然不可能有工程学那么严密，如果领悟透了，灵活运用，还是可以起到跨行业指导作用的。

建立市场导向的文化

市场经济大部分情况都是供过于求的，卖方为了卖东西就要求着买方。所以，市场经济天然就会导向以客户为中心。由于销售部门是距离客户最近的部门，天天跟客户打交道，以客户为中心可以简单地理解成以市场为中心。

只有产品能够绝对领先，买卖双方的力量反转，形成了卖方市场，销售的作用才比较小。华为进入电信设备市场时是计划经济向市场经济转轨时期，20世纪90年代后，电信设备需求爆发式增长，固定网络设备供应商阿尔卡特在上海建了合资公司——上海贝尔，他们生产的设备一度供不应求，电信公司要排队，电信设备采购要找关系。

这时，国内厂商虽然做出了大型电话交换机，但在质量和声誉方面远落后于国外电信设备，为了获得电信运营商的订单，要想尽一切办法销售。

第二章　华为营销思想

2008年年中，任正非发表了题为"逐步加深理解'以客户为中心，以奋斗者为本'的企业文化"的讲话。他说：

二十年来，我们由于生存压力，在工作中自觉不自觉地建立了以客户为中心的价值观，应客户的需求开发一些产品，如接入服务器、商业网、校园网……因为那时客户需要一些独特的业务来提升他们的竞争力。不以客户需求为中心，他们就不买我们小公司的货，我们就无米下锅，我们被迫接近了真理。

但我们并没有真正认识它的重要性，没有认识它是唯一的原则，因而对真理的追求是不坚定的、漂移的。在90年代的后期，公司摆脱困境后，自我价值开始膨胀，曾以自我为中心过。我们那时常常对客户说，他们应该做什么，不做什么……我们有什么好东西，你们应该怎么用。例如，在NGN（下一代网络）的推介过程中，我们曾以自己的技术路标，反复去说服运营商，而听不进运营商的需求，最后导致在中国选型，我们被淘汰出局，连一次试验机会都不给。历经千难万苦，我们请求以坂田的基地为实验局的要求，都苦苦不得批准。我们知道我们错了，我们从自我批判中整改，大力倡导"从泥坑中爬起来的人就是圣人"

的自我批判文化。我们聚集了优势资源，争分夺秒地追赶。我们赶上来了，现在软交换占世界市场40%，为世界第一。

任正非这个讲话真实还原了以客户为中心的由来，同时，他发现公司一旦牛了就很容易转而以自我为中心。这些事情都是发生在华为自己身上的真实故事，所以，大家理解得深入，领悟得透彻。

我看过很多企业的企业文化、核心价值观，都有以"客户为中心，客户至上"这一条。在实际执行时则有深有浅，以客户为中心的含量也是不同的。

一个公司如果丧失了产品、技术绝对领先地位，又没有及时建立以客户为中心的导向，很容易被竞争者打败。成立于1928年的摩托罗拉，曾一度前无古人地每隔10年便开创一个产业，它发明过车载收音机、彩电显像管、全晶体管彩色电视机、半导体微处理器、对讲机、寻呼机、大哥大（蜂窝电话）以及"六西格玛"质量管理体系；摩托罗拉由此先后开创了汽车电子、晶体管彩电、集群通信、半导体、移动通信、手机等多个产业，并长期在各个领域中没有竞争对手。这样的公司市场部就很弱，慢慢就会形成以技术为中心的文化。

后来，摩托罗拉错判了数字移动通信的迭代时间，错失发展良机，就好比别人都推出5G网络了，摩托罗拉还停留在4G时代。如果是一家销售能力强的公司，这点落后是可以弥补的，华为推出数字移动设备时的竞争力远不及摩托罗拉，但还是凭借强大的市场能力慢慢地赶上来了。而摩托罗拉这种技术导向的公司，技术一旦不再领先，很快就丧失了竞争力。

如何才能将"以客户为中心"做深做透？

以客户为中心是一种为了获得生意的反人性操作，反人性操作阻力大，不容易持久，容易懈怠。公司要通过文化倡导、组织落实、考核激励等综合手段才能将以客户为中心落实到位。做深以客户为中心，首先要在思想层面解决以下几个问题。

克服以自我为中心

人天然都会以自我利益为中心，这是亚当·斯密经济学的一个重要假设，也比较符合实际情况。

除了利益之外，人们在认识世界、做出判断时也是以自我为中心的。人们对各种事物的看法总是千奇百怪的，有很多主观的成分。对要卖给顾客的商品，大家也有不同的看法，研发人员会按照自己的理解做产品，如任总所说："公司摆脱困境后，自我价值开始膨胀，曾以自我为中心过。我们那时常常对客户说，他们应该做什么，不做什么……"

况且，客户对产品方向、功能的看法也不见得更客观。有个大型运营商定制了一款手机，声称可以销售100万台，实际上只销售了10万台，这些案例也促使华为后来将使用手机的人当用户而不是把运营商当用户。

克服以自我为中心首先是意识形态上的，而不是具体的事件。自我为中心的本能，会天然认为自己的看法更正确，听不进去别人的意见。当听不进客户意见时，会导致无法成交，或者产品不对路。用户的想法也许不对，或者脱离实际，但是，在买方市场中，用户有决策权，按照用户的想法，就有机会继续推进项目，否则就中断了探索未来的道路。

大概在2002年左右，通信行业固定网络开始开发下一代网络（NGN），就像每个人对未来事物都有不同的想象一样，朗讯、北电、华为、大型运营商都有自己定义的NGN，当时不可能知道哪个定义更靠谱，但运营商有采购权，你不按照它的方案搞，它就不采购你的设备。这就是前面任正非讲话中所说的故事。故事最后的结局是各家定义的

NGN都是脱离实际的，胜出的是一种叫作软交换的技术。

销售人员面对客户，知道客户握着生杀大权，比较容易做到服从客户。但远离客户的研发人员、服务人员就不容易做到以客户为中心了。华为电信设备业务要求产品力、销售力、服务力都要好，客户持续购买设备商的产品，运营商对各厂商产品力和服务力自然心里有数。这种业务类型，全方位地以客户为中心更有价值。

2C（面向大众销售）产品如何克服以自我为中心？2C产品顾客数量太大，和顾客直接沟通并不能解决销售问题，也很难找到提高产品竞争力之道。2C行业关键在于深刻理解行业规律，最起码做到产品畅销后，不得意忘形，不欺骗消费者。

是不是建立以市场为导向的文化与行业性质以及公司的发展路径有关。1983年，乔布斯为了让当时的百事可乐总裁约翰·斯卡利加入苹果，说出了那段著名的话，这段极具煽动性的话至今仍被人津津乐道——"你是想卖一辈子糖水，还是跟着我们改变世界？"

乔布斯和斯卡利共同执掌苹果的那段时间，创造了最棒的产品（第一台Mac电脑）和最棒的广告（《1984》）。不过这段蜜月期很快就结束了，斯卡利做过的最著名的事，就是把乔布斯赶出了苹果公司。1985年，乔布斯从苹果辞职之后，两人的交情也随之中断。

斯卡利在进入苹果公司之前，以强悍的市场营销能力闻名于世，他领导的百事可乐有效地挑战了行业龙头可口可乐。据说乔布斯和斯卡利之间的冲突主要是观念的冲突——乔布斯更注重产品，斯卡利则注重营销。像可乐这样的糖水产品，在研发投入上是很少的，主要是靠营销打天下，他到了苹果公司之后，认为电脑产品其实都差不多，不需要很大的研发投入。

中国大多数公司都很重视营销，作为后发展国家，靠技术和产品领先并不现实。20世纪90年代，中国许多公司非常重视营销，并且享受了电视广告红利，在家电、白酒、保健品等行业，很多公司都在短时间内创造了诸多营销奇迹。短暂的胜利让它们形成了对营销的迷信，却在产品研发上投入匮乏，于是这些公司都只是昙花一现，迅速陨落。

克服以领导为中心

评价员工工作成果的永远是上级领导，上级领导也会本能地以自我为中心。员工为了获利，会利用这一点，会以领导为中心，越是规模企业，这个问题越突出。

以客户为中心可以做大蛋糕，以领导为中心可以多切蛋糕，相比之下，后者更容易一些。

任正非自然也很清楚这个问题，在一次会上他说："在华为，坚决提拔那些眼睛盯着客户，屁股对着老板的员工，坚决淘汰那些眼睛盯着老板，屁股对着客户的干部。前者是公司价值的创造者，后者是牟取个人私利的奴才。各级干部要有境界，下属屁股对着你，自己可能不舒服，但必须善待他们。"

华为公司不断地倡导以客户为中心，领导讲话时经常强调，还编了顺口溜："以客户为中心，可以成为天才。以领导为中心，就会成为奴才。以自我为中心，则会变成蠢材。"在制度上也设计了导向价值创造的机制，克服内部因人际关系带来收益问题。其中，最有效的方法就是华为始终坚持的干部和骨干员工调动机制，不断地排列组合，让运气成分和搞定领导获益的可能性降到很低的水平。

把客户的折磨当作爬坡的阶梯

尼采说凡是杀不死你的，会使你更强大。中国谚语说挑货才是买货人。华为也是在一次次不能满足客户需求，苦练本领，解决问题之后，能力才上了一个台阶。

2004—2005年，为了满足英国电信的认证，全公司动员，经过了两年左右的折腾，成为英国电信认证的战略合作伙伴。因为有了这个大样板点，再攻克其他大型运营商就容易许多。

2006年，华为投标苏丹电信项目失败，因为苏丹电信能力低，就要求厂商做更深度的服务，经历了两年多，华为建成了"铁三角"销售模式，特别适合交付全网集成方案。

2009年，马来西亚电信采购华为全套固定网络设备，项目在开通和运营中暴露了许多问题。马来西亚电信项目采用新设备、新业务模式，而且全部采购华为产品，要求华为提供整网交钥匙解决方案，承接项目后，华为更换了5个项目经理都无法满足用户要求。愤怒的客户直接投诉至华为董事长，后来调动公司许多力量奔赴一线，才完成了让客户满意的交付。经此一战，华为在新型固定网络产品和交付能力方面上了一个台阶。

满足客户一切需求，除了价格

卖东西的厂商要赚客户的钱，客户想省钱，买卖双方之间存在着矛盾和斗争，这是一个不可回避的问题。如何处理关于钱的这个核心问题呢？

简单地说就是厂商要满足客户的一切需求，除了价格。

只要不垄断，价格就是在竞争中自然选择出来的，每个档次的价格都是合理的，厂商的产品卖得贵，说明他开发了性能、质量更好的产品。比如，主流手机价格分布在1000～8000元，不同价格的手机之间都有替代性，苹果手机能占据6000～8000元这个档次，就只能说苹果有本事。但苹果的本事也不是无限的，前几年苹果不断地推高手机售价，终于实质性地影响了它的销量，然后就开始降价了。

任正非有一次说："微软的总裁、思科的CEO和我聊天的时候，他们都说害怕华为站起来，举起世界的旗帜反垄断。我给他们说我才不反垄断，我左手打着微软的伞，右手打着思科的伞，你们卖高价，我只要卖低一点，也能赚大把的钱。我为什么一定要把伞拿掉，让太阳晒在我脑袋上，我脑袋上流着汗，把地上的小草都滋润起来，让小草用低价格和我竞争，打得我头破血流？"简单理解，即在竞争性的市场中，能够把产品推高卖贵，其实是创造了行业价值。领头厂商将产品价格推高，下面一堆厂商价格低一点也可以活得很好，众人拾柴火焰高，行业的空间就撑起来了。

2014年，华为已经占据电信设备市场的头把交椅，任正非讲话说："这种历史时期，我们如何战略定位自己？如何保持对客户的尊重？通过帮助价值客户商业成功的过程中，增加了客户对我们的黏性，而决不敲诈对我们黏性很大的客户，这对全公司是一个考验。"

尽管华为非常强大，但是，它没有垄断一个领域，华为的所有业务都是高度竞争的，它能赚到竞争优势的利润，赚不到垄断利润。

以客户为中心在执行时，必然以市场为中心。销售部门是距离客户最近的部门，销售部门呼唤炮火，全公司就形成了市场导向的文化。

"一线呼唤炮火"的体系

淮海战役后，华东野战军司令员陈毅曾深情地说："淮海战役的胜利，是人民群众用小车推出来的。"淮海战役中出动民工543万人，大小车辆88万辆，挑子30.5万副，筹集粮食9.6亿斤，运送到前线的粮食就有4.34亿斤。参战兵力与支前民工的比例高达1∶9，强大的后勤补给保证了前线的胜利。

在军事战争中，后勤保障历来都是关键要素。销售也是一样，在公司运作中，销售好比前线作战部队，后勤部门的支援对其是很重要的。通过长期的实践，华为形成了"全员支持营销，但绝不搞全员营销"的做法。华为手机在最困难的时期，也未让全员销售手机，甚至从未要求员工要用华为自己的手机。全员支持营销很有用，但全员营销会给很多员工造成巨大的负担，得不偿失。

军人出身的任正非对后勤支持作战部队有深刻的领悟，华为早期形成的"一线呼唤炮火"的打法非常有效。许多中国本土公司能够在国际公司的围剿中逐渐扭转战局，都是采取了公司给销售施压，其他部门支持销售作战的打法，这样做出的产品更贴合用户需求，可以不断积小胜为大胜。

当企业不断强调"一线呼唤炮火"的指导思想，各个部门就会思考如何落实这个思想。经过长期实践并取得成效后，就会在企业内部形成面向市场需求的企业文化。

《华为基本法》中还没有"一线呼唤炮火"的说法，但以市场为中心的思想已经比较明确了：

【第三十三条】市场变化的随机性、市场布局的分散性和公司产品的多样性，要求前方营销队伍必须得到及时强大的综合支援，要求我们必须能够迅速调度和组织大量资源抢夺市场先机和形成局部优势。因此营销部门必须采取灵活的运作方式，通过事先策划与现场求助，实现资源的动态最优配置与共享。

在华为员工入职培训时，华为一般会强调员工在公司生存要学会求助，贯彻求助意识。华为的新销售人员到了一线销售岗位，通过流程、惯例、师傅带徒弟的方式，很快就能掌握怎么"呼唤炮火"的求助方法。

"一线呼唤炮火"体系

华为围绕着市场销售，至少有六个主要部门提供销售支援。华为内部除了流程之外，还有专门的接口人员或者接口部门负责部门之间的联结。每个部门与市场的接口都规定了支援市场的具体条目。

研发接口：

• 支持客户需求的理解和开发。

- 支持定制化产品开发。
- 支持技术问题的答复。
- 解决客户的疑难问题。

客服接口：

- 支持解决客户运营问题。
- 支持对客户的服务承诺。
- 支持制定和实施服务解决方案。
- 客服的数据报告也是发现商机的一个渠道。

市场接口：

- 支持品牌营销活动。
- 支持展会、论坛、峰会等大型活动。
- 支持提供市场研究资讯。
- 支持客户促销活动。

财务接口：

- 支持开具发票等回款凭证。
- 支持对账、催收货款。
- 支持客户融资、保理等业务。

物流接口：

- 支持货物仓储和运输，实现客户的交货地点和时间要求。

- 支持对客户交付期限的答复。
- 当交付出现问题，支持采取补救措施。

生产接口：

- 支持订单的生产履行。
- 支持交付时间点的预估。
- 支持定制化物料的采购。
- 支持定制化产品生产。

把华为支持销售部门较为详细的条目罗列在这里，方便读者照猫画虎，根据自己的情况，先构造一个后勤部门支持前线作战的条目去实践，通过实践熟悉了怎样支持前线作战，进而形成全体支持前线的文化氛围，就能改善销售业绩。

然而，一般公司各个部门都有自己的任务，支援一线销售说起来容易，做起来难。比如研发部门有产品开发路标，支援一线销售会打乱开发任务，影响开发进度。有很多情况下用户提出的需求是个别的，甚至是伪需求，满足这种类型的需求价值不大，这种情况怎么办？

同时，过于强调支援销售一线，也会把一线"惯坏"，频繁的"呼唤炮火"也会让成本增加，还可能拖累其他部门。

怎样处理这些矛盾？

针对管理中的问题没有一种方案是完全有利的，都有A、B面，陷入辩论、久拖不决是最糟糕的。世间的事大多数一旦陷入辩论就会永无休止，没有结果。例如，美国关于是否控枪，辩论双方各执一词，数十年来都没有结果，而美国的枪击案却时有发生。

对于两难问题是采用极端的管理方法，只强调一个方面，还是既要、又要？处理这一问题的原则是强力推行改革就只能走极端，否则人们会找理由、找借口原地踏步。如果进入了优化过程就采取"既要……又要……"。如果你的公司想推动"一线呼唤炮火"，不妨先走极端，推动起来对后端资源消耗太大，再调整一下，否则，无法对抗惯性运作。这就是任总所说的"矫枉必须过正"，不过正不足以矫枉。

当"矫枉过正"之后，再进入优化程序，进行精细化优化管理。"一线呼唤炮火"当然有副作用，但先呼唤，满足一线的要求，之后慢慢地会进化出一种规则，制约过分"呼唤炮火"消耗资源的问题。

华为的许多事情都是这样做的，先僵化，后优化；先大颗粒定原则，后梳理精确的方法。不理解这一点的，关起门来，想推敲出一种很好的方法再实施，就会永远不行动，永远没有结果。

"一线呼唤炮火"是一个以客户需求为中心的指导思想，其具体方法也是不断发展的。2017年，任正非在销服体系大会上，又一次较为全面地解释了"一线呼唤炮火"——让听得见炮声的人做出决策。

公司主要的资源要用在找目标、找机会，并将机会转化成结果上。我们后方配备的先进设备、优质资源，应该在前线一发现目标和机会时就能及时发挥作用，提供有效的支持，而不是拥有资源的人来指挥战争、拥兵自重。

谁来"呼唤炮火"，应该让听得见炮声的人来决策。而现在我们恰好是反过来的。机关不了解前线，但拥有太多的权力与资源，为了控制运营的风险，自然而然地设置了许多流程控制点，而且不愿意授权。过多的流程控制点，会降低运行效率，增加运作成本，滋生了官僚主义及教条主义。当然，因内控需要而设置合理的流程控制点是必须的。

去年公司提出将指挥所（执行及部分决策）放到听得到炮响的地方去，已经有了变化，计划预算开始以地区部、产品线为基础，已经迈出可喜的一步，但还不够。北非地区部给我们提供了一条思路，就是把决策权根据授权规则授给一线团队，后方起保障作用。这样我们的流程优化的方法就和过去不同了，流程梳理和优化要倒过来做，就是以需求确定目的，以目的驱使保证，一切为前线着想，就会共同努力地控制有效流程点的设置。从而精简不必要的流程，精简不必要的人员，提高运行效率，为生存下去打好基础。

"一线呼唤炮火"的体系就是落实销售导向、市场导向的更具体的操作方案，销售一线最了解用户的情况，他们"呼唤炮火"，其他部门跟上支援力量，就更容易夺取销售的胜利。而后勤队伍到前线支持，又真实理解了用户需求情况，做出的产品就更符合用户需求，从而形成销售和产品竞争力的良性循环。

一边产粮食，一边增加土地肥力

没有一个订单是孤立的，公司品牌、成功案例、过往情况都给新订单打了基础。也没有一个订单仅仅获得了现金收益。做好一个订单积累一点好名声、长一点能力都会为后续获得订单增加一点价值。如果把订单本身看成动能，背景因素、订单沉淀下来的东西就是势能。把订单比作粮食，促成订单签订的背景就是土地肥力。销售强的公司很多，有意识经营土地肥力的公司很少。绝大多数公司的土地肥力都是自然增长的，如果将自然增长改成刻意为之，增长速度就迅猛许多。

华为不仅仅是销售能力强，它很有意识地积累势能，势能大到一定程度，获取订单就是一件很简单的事。华为的势能大到什么程度？我们看一个实例，2022年5月16日京东自营手机数据显示，5000元以上价位手机，华为月销量9万部，小米4万部，荣耀4万部，OPPO 2万部，vivo 1万部。由于芯片被断供，华为无法获得5G芯片，只能用4G芯片，结果用4G拼5G，其高端手机还能完胜。

为什么华为这么厉害呢？就是因为大量的消费者仍然非常信任华为手机，觉得华为手机质量好，问题少。更有很多消费者宁可不换手机，也要等华为出新手机。

2020年5月15日，美国不允许台积电、三星等芯片制造商给华为加工芯片，也不允许高通等芯片厂商把芯片销售给华为。半年之后，库存消耗殆尽，华为手机几乎停摆。年底，华为卖掉了旗下荣耀品牌。

任正非在送别荣耀团队时讲："华为短期的困难，我们有能力克服。我们不因自己受难，而要拖无辜的人下水。但分布在170个国家的代理商、分销商，因渠道没有水而干枯，会导致几百万人失业；供应商也因为我们不能采购，而货物积压，销售下滑，拖累股市。他们有什么错，我们为什么不能承担一些牺牲？你们就是去与他们同甘共苦的，使干枯的渠道在水源未断时，补充满流水。"

此后一年多的时间里，华为手机代理商卖点边缘产品，笔记本、手表、电视等，对华为不离不弃。2021年下半年等到了荣耀手机，荣耀手机也借助华为的渠道迅速起量。代理商和厂商如此密切的关系实属罕见。

华为手机虽然没有几年历史，但不像苹果开发的第二款手机（iPhone之前做过一款手机，失败了）就成为爆品了。2012年华为发布第一款高端机时，质次价高，到2014年才终于开发了一款畅销手机，每年一个台阶地进步。到2020年，美国封杀之前，华为手机出货量已经做到全球第一。

消费者、渠道对华为手机忠诚度高，主要原因是华为在卖货的同时也在积累势能。用任正非的话说就是一边产粮食，一边增加土地肥力。

有一家饭馆，由于名气很大，顾客尝鲜心理加上营销炒作，一开业特别火爆。半年之后，这家饭馆就门可罗雀了。这是我们常见的现象，社会上叫作营销动能和势能，等效于华为说的产粮食与土地肥力。饭馆菜品热销是它的动能好，靠名气和顾客尝鲜心理驱动。顾客吃过之后，如果觉得物值不符的话，就很难再来第二次了。就像一个公司销售做得好，很容易忽略产品改进，反正确实能卖得出去。中国有许多营销奇迹都昙花一现，主要是在产粮食的同时，没有增加土地肥力，竭泽而渔。

华为研发经费高是出了名的，每个产品部门都犯愁：怎么花掉这么多的研发经费？以手机为例，公司要求研发费用不低于销售额的6%，前几年销售额较大，研发费用非常多，华为每年开发的领头机型要花费30亿人民币左右。为了把研发经费花出去，里面会有各种通常意义上的浪费，大量的破坏性试验，派人出差到南极、北极试验手机在极寒条件下的使用情况。其实，这明显是没有必要的，一台冰箱或者寒冷的房间效果是相似的。为什么还要花那么多钱呢？答案就是为了浪费。精确控制经费使用固然是合理的，可是，精确控制并不容易做到，钱多花费大的研发创新把握更大。创新是不容易的，浪费了那么多钱，总是能沉淀下来一点东西，能够做得更好一点吧。俗话说水大泡倒墙，大平台的优势是大把花钱，只要建立一点点优势，就可以通过巨大的销量转换成可观的利润。

很多公司营销能力很强，也就是说他们营销动能很强，却很少有公司善于经营势能，不知道如何增加土地肥力，也没有这方面的意识。

增加土地肥力的第一个层面是精神层的。

华为在增加土地肥力思想指导下，慢慢地领悟了其中的道理，找到了可实现的方法。我本人的手机曾经有过两个小问题，2014年，我用荣耀6，跑步时记录的运动轨迹是错误的，我就截图放到朋友圈吐槽，手机部的领导看到了我的截图，马上找人跟我联系，拿来一部新手机给我用，取走了我的手机研究是怎么回事。2020年，我发现我用P40 Pro拍的照片经常不见了，又在朋友圈吐槽。手机部门相关人员马上给我打电话，详细询问我是怎么用手机拍照的，我告诉他们是怎么用的，他们按照我的操作方法操作了很多次，果然复现了这个bug，一个月之后，他们打电话告诉我这个问题已经解决了。

在一个公司的运作中，精神和思想的力量是非常重要的，工作种类太多内容太细，不可能规定得特别仔细，做得十分好要靠许多岗位上的员工想办法钻研、打磨，精神和思想的引导就指明了努力的方向。

增加土地肥力的第二个层面是战略层的。

华为销售战略引导能力很强，具体的方法就是客户分类管理和产品分类管理。

很多公司都想做苹果公司的供应商，即便不赚钱，有苹果背书，再打其他项目容易得多。如果你公司是小米的供应商，相对说服力就不足。这说明产品卖给不同的客户说服力和辐射能力是不同的，也就是会形成不同的土地肥力。根据这个原理，华为将客户分成头部客户、战略客户和商业客户。头部客户水平高、要求高，逼着供应商提高水平；拿下战略客户则有很强的辐射力，能增加很多势能，对打其他客户帮助很大；与商业客户则是普通的交易，形成的势能和说服力有限。

产品分类管理将产品分成成熟产品、新产品和战略产品。类似于波士顿矩阵[①]，成熟产品要走量、赚钱；新产品要快速突破，多点开花，形成星星之火；战略产品则一定

---

① 波士顿矩阵（BCG Matrix）是布鲁斯·亨德森于1970年为波士顿咨询公司设计的一个图表，目的是协助企业分析其业务和产品系列的表现，从而协助企业更妥善地分配资源，及作为品牌建立和营销、产品管理、战略管理及公司整体业务的分析工具。

要抢占时机和制高点。

有了这样的战略部署，华为销售就不是简单完成销售任务的机构，而是要执行公司的战略部署。

增加土地肥力的第三个层面是考核层的。

在制定考核指标时，也导向增加土地肥力。通常，销售部门的指标主要是销售额、回款、销售毛利三大财务指标。在华为，财务指标只占一半左右的比重，陌生市场财务指标占比高，成熟市场财务指标占比低。因为成熟市场土地肥力强，势能大，销售往往是水到渠成的，和销售部门的关系不是那么大。除了财务指标之外，华为要考核客户满意度、重点项目落实率、新产品推广情况、项目指标偏差率、员工学习成长、重点市场活动等，这些都是增加土地肥力的项目。华为销售电信设备开展新业务，也帮助运营商推广业务，只有运营商用华为的设备经营得好，华为才能销售更多的设备。

产粮食是比较明显的，土地肥力则比较隐蔽，需要积累行业经验，深入洞察才能从很多环节发现规律。华为手机店铺属于零售行业，代理商对华为忠诚度高的原因是代理华为手机确实能赚到钱，赚到钱的原因则是代理数量和店面数量受控，当一个门店利润率低于4%说明店开得太多了，店面覆盖的区域没有那么多华为用户，华为公司会根据各种数据估计势能，根据势能定店面数量。

在电信设备行业，除了保证产品质量好、服务好之外，在构建客户关系层面也非常注重增加土地肥力，与买卖没有直接关系的活动非常多，如战略对话、创新合作、联合品牌营销活动、管理文化交流等。

如果不知道如何增加土地肥力，可以想想如何竭泽而渔，做相反的事情就是增加土地肥力。俗语讲萝卜（销售）快了不洗泥，以华为销售 IP Hotel 为例，明明厂商已经发现卖出去的产品没有价值，却还有能力继续销售，大多数厂商是忍不住的，但华为果断停止了销售。销售无价值产品会带来一个不良后果，客户被你骗了，吃了哑巴亏，但他心里会给你记下一笔账，就会给你今后的销售带来障碍。一直以来，华为非常注重售后服务，公司无力将产品做得很好时，以服务及时响应也能赢得很多客户的信任。

奋力牵引，创造价值

鲁迅说："希望本无所谓有，无所谓无的。这正如地上的路，其实地上本没有路，走的人多了，也便成了路。"

企业就是如此，没有现成的路可走，没有现成的活等着你去干。在1998年的一次讲话中，任正非说："华为第一次创业的特点，是靠企业家行为，为了抓住机会，不顾手中资源，奋力牵引，凭着第一、第二代创业者的艰苦奋斗、远见卓识、超人的胆略，使公司从小发展到初具规模。第二次创业的目标就是可持续发展，要用10年时间使各项工作与国际接轨。"

在每个时刻，公司都会发现你能做的，都已经充满竞争成为红海，你想做的则能力不足，难如登天。任何成长都靠奋力牵引。

华为在一个快速发展、刚需明显的行业创业，但华为的技术能力有限，每次重大的投入都需要奋力牵引。

牵引产品研发

华为进入电信行业时，赶上通信建设大发展是一个有利条件。不利条件则是通信设备行业都是巨头的游戏，每个领域都建立了很高的竞争壁垒，华为攻克每一个领域的技术都十分困难。

1996年，华为在北京建立研究所，就是模糊地觉得北京人才多，公司要扩展，并不知道建研究所的主攻方向是什么。时任北京研究所所长的刘平讲过这样一个故事：

任总到北京出差的时候经常会抽空到北京研究所来视察。有一次在视察完后对我说："刘平，你这里怎么才这么一点人呀，我不是叫你多招一些人吗？"我小心翼翼地回答："任总，数据通信做什么产品还没确定下来，招那么多人来没事做。"老板生气地说："我叫你招你就招。没事做，招人来洗沙子也可以。"于是，我在北京研究所的一个重要的工作就是通过各种手段招人。招来的人没产品做怎么办呢？我就在北研所设立了一个协议软件部。因为我知道不管将来做什么数据通信的产品，通信协议是少不了的。这个部门的人就研究各种通信协议，这就是任总说的"洗沙子"。后来这个部门开发出华为的通信协议软件栈，成为华为数据通信各种产品的平台，也为华为后来从窄带向宽带过渡打下了坚实的基础。不得不佩服任总当时的远见。

像华为这么大的公司，面临的各种技术难题、销售难题都是千军万马在实践中攻克的。

第二章　华为营销思想

和用户一起做小白鼠

处于科技前沿的公司有一个难题，有明确需求的东西通常做不出来，最典型的就是药品；做得出来的东西不一定有需求，需要到市场上验证。华为销售能力相当强，市场上一旦验证产品确实没有需求，公司会砍掉产品而不是继续多卖一点钱。绝大多数公司都做不到这一点。

2002年左右，运营商的宽带业务爆发，华为按照电话交换机的模式开发了一些宽带产品。以前住宾馆，打电话费用是要计入客人消费的，这背后有一个叫智能网的解决方案。华为照葫芦画瓢，提供了一款解决宾馆上网的产品叫IP Hotel，解决用户在宾馆上网付费问题。当时宾馆还有一种免费上网模式，到底市场会选择哪种模式是不清楚的。后来，经过了两年左右的竞争，市场选择了住酒店免费上网模式。此时，宾馆收费上网模式也没有死透，以华为的销售能力还是能卖很多产品的。华为做出了一个决定，就是立即停止销售IP Hotel。这个决定看似平淡无奇，但绝大多数公司做不到，谁会跟钱过不去，主动阉割自己的产品呢？

有的人会问，你为啥要把这种不靠谱的产品销售给用户呢？因为不销售无法验证真实需求啊。那么，运营商为啥要冒险买新产品呢？因为可以占领空白市场。等商业模式被验证，成熟了，市场就被别人占了，再夺下来就太难了。

创新是环环相扣的，每个行动和步骤都是有道理的，有道理不代表成功。不成功就要有牺牲，创新者有牺牲，用户也有牺牲。验证创新需要厂商和用户一起做小白鼠，奋力牵引就是快速到市场上验证产品和需求，牵引产品快速走向正轨。

谷歌有一个更有名的例子说明推广产品和终止产品如何选择的问题。2012年4月，谷歌推出了一款叫作谷歌眼镜的产品，由于谷歌的名气和炒作，一时间非常风光，但真实销售情况则叫好不叫座，并不热销，另外，用户购买产品后基本上都是束之高阁，尝尝鲜就不再使用了，产品也有很多问题被吐槽。2014年，谷歌又出了一款升级版谷歌眼镜，还是不畅销，用户不使用。2015年，谷歌就停掉了谷歌眼镜项目。

销售牵引需求

很多公司销售部门对自己的商品价值不是那么确信，这是一种理性态度。非用不可、非你不可的产品是很少见的，大多数产品都有可替代性，都是可有可无的，用力推一下顾客就买了，不用力推动，你就没有订单。

销售是一种竞争行为，一切竞争行为都必然是过度繁殖的。竞争的世界，你不去抢，就丧失了机会。大家都去抢饭吃，就推动了经济发展。

虽说以客户为中心的大方向是对的，在战术上，奋力牵引销售也是对的。20多年前，IT行业还很不发达，我卖服务器、昂贵的网络设备。当时的销售经理说，实事求是地讲，我们每卖出一台服务器给用户都是一笔罪恶，多数情况，用户根本用不着这么贵的设备，还有大量买而不用的情况。从当时的情况看，销售经理说得没错，符合事实。但从今天来看，没有当初的浪费，就没有今天ICT广泛的应用。所以现在我看到有些场合摆上了毫无用途的人形机器人也可以理解：把无用之物摆在那里很显然是被厂商过度推销的结果。

有顾客购买产品就证明了产品的价值，销售要做的就是尽力去推销。产品没有真实价值或者价值很少，销售额就是涓涓细流。如果产品真有价值，产品的销售收入就会呈爆发式增长，变成大江大河，阿里的B2B业务是涓涓细流，淘宝业务就是大江大河。

市场经济下，人们都想赚越来越多的钱，因此，总是供过于求。于是销售变成了一种斗争，销售者要与客户斗争，让客户购买产品，尽量多地购买；要与对手斗争，只有斗争的胜者才能获得顾客的青睐。与客户斗争，必须是斗而不破；与竞争者斗争，则是必须凶狠残忍，你死我活。

为了应对艰苦的斗争，公司要鼓舞士气，还要给销售系统施加压力。每个公司年初都会制定很难完成的销售目标，销售员在压力之下，会寻找尽量多的机会，获取尽量多的订单。奋力牵引、创造价值就是洞察到有利的条件，努力争取，接受实践检验，凿出一条出路就拓展了一块领土。

建立压力传递系统

销售是一种抗阻活动，对付阻力的方法就是"胡萝卜加大棒"——胡萝卜就是奖励机制，大棒就是压力机制。

"毫无依赖的压力传递"是华为的一个术语，在早些年用得很频繁。大家知道大概意思是什么，但公司并没有较为明确的解释。

《华为基本法》有三处提到了压力传递：

第二章　华为营销思想

【第一条】为了使华为成为世界一流的设备供应商，我们将永不进入信息服务业。通过无依赖的市场压力传递，使内部机制永远处于激活状态。

【第二十条】我们遵循价值规律，坚持实事求是，在公司内部引入外部市场压力和公平竞争机制，建立公正客观的价值评价体系并不断改进，以使价值分配制度基本合理。

【第三十条】市场拓展是公司的一种整体运作，我们要通过影响每个员工的切身利益传递市场压力，不断提高公司整体响应能力。

每个公司的销售压力都是很大的，公司通常都给销售部门、销售主管、销售员制定一个很高的销售目标。员工的奖金、升迁，甚至淘汰等都直接与销售目标完成情况挂钩。在重压之下逼着销售员去见客户，去想办法战胜阻抗。

制造困难也要上

在相当长的时间，华为只做电信设备供应商，电信设备是运营商的生产性设备，其基本的商业模式是运营商安装好设备，把通信能力铺设到千家万户，用户使用这个网络并交给电信运营商服务费。

电信设备对运营商的重要性就像酒店大楼对酒店的重要性一样,所以,运营商采购通信设备是头等重要的大事,会涉及电信运营商的所有主要部门。

2B型销售供需双方频繁接触,产品竞争力和关系竞争力是2B型业务的两大支柱。关系在销售中非常重要,华为一直坚持的有违常理的一个做法是不允许当地人做当地的生意。比如家乡是湖北的销售员,不允许在湖北销售,如果非要在湖北,只能做职位比较低的工种。主要销售岗位最多3~4年就会调动,不让销售人员在一个地方根扎得很深。

在陌生地方做生意,显然压力更大,好处是销售员远离熟悉的地方,没有自己的生意和人脉关系,更容易专注于工作。

有句话华为自己不怎么引用,却描述了华为的想法,也就是犹太人的一句谚语:"选择困难的路,才是通向成功的捷径。"举个简单例子,把产品卖给熟人,人家可能是看在面子上购买的;如果是卖给陌生人,顾客相中的就是产品本身。卖给陌生人显然是可以持续发展、更有竞争力的模式。

压力传递

要说销售压力大，华为排不上号，很多公司销售员完不成任务就得走人，纯粹从压力的角度说，华为销售人员压力比同行要小。

在《华为基本法》里面说的压力传递，是华为比较有特色的管理模式。压力传递大致的意思是在市场上销售产品压力巨大，所以要把市场压力有效地传递到华为的各个部门，通过压力激活组织。

华为是一个研发密集型的制造企业，公司成立不久，制造外包就是行业的主流模式了，华为生产主要也是外包的。因此，华为生产线工人很少，主要是做小批量试产，验证产品。一直以来，华为研发人员占公司人员比重在45%左右，销售服务人员占35%左右。这两个系统都是作战系统，在华为叫"一线"。市场只要把压力传递到研发体系，80%的华为员工就承压了。

很多起步早、条件好、实力强的外企败给各方面条件都远不如它们的中国企业，最重要的原因是缺乏有效的压力传递，后方不能响应销售一线洞察到的客户需求。例如，微软MSN与腾讯QQ的竞争，亚马逊、易趣（eBay）与淘宝的竞争,时机、产品、财力、人员等各方面外企都处于优势地位,后来逐渐被中国企业超越,就是因为它们的中国公司主要只是一个市场机构,市场需求不能有效传导到总部,时间一长,就被时刻紧跟市场需求的中国企业取代了。

华为早期市场导向很明显,有个人解释华为"以客户为中心"时说,这就是指客户经理可以投诉研发副总裁。其实以客户为中心在华为内部就是以市场为中心,强烈的市场结果导向导致研发经理有一半以上的时间都在公司的销售平台上转悠,内部交流、外部交流是研发经理的日常工作。这种模式让研发对需求的理解更直接、深刻。同时2B型销售由于总是跟客户深入交流,客户有时也会有一些想法,研发产品的也会琢磨一些创新点去引导客户。这样就夺下来一个个项目,建立了一个又一个的差异性、护城河。

均匀承压

华为销售压力系统的设计也十分科学,不是简单地定一个较高目标而已。

首先,华为不实行提成制,一直以来就是实行目标制,制定各个区域目标时就比较细致考虑到不同的难度,制定切合实际的目标。把产品卖给发达区域的客户比在边远地区卖更困难，发达地区的销售目标可能只是把产品送给用户，让其使用。但在发达地区一旦撕开了一个口子，示范效应则远大于边远地区。

其次，在设置指标时，也充分考虑到了不同产品在市场上的成熟度，考虑到了产品销售的成长规律。成熟产品要起量，不断提升产品的市占率，就要从边缘打到核心，从小城市向中心城市挺进；而有些新产品只要求开一个实验局，做一个样板点。

通过对不同区域销售和不同产品销售任务的精确管理，华为让所有的销售都均匀承受压力，不会有轻易完成的任务，也不会有绝无可能完成的任务。压力让整个组织始终处于激活状态。

从安索夫矩阵到能力阶梯

很多公司都有"狼性"，敢拼敢赌，实行多元化经营，将业务拓展到很多领域，但由于缺乏有效的战略策划和章法，往往豪情万丈开头，一地鸡毛收场。

华为通过不断开发新种类的产品扩张业务边界。现在，华为的业务已经扩张到所有电子信息领域，从电信设备到手机，从企业网络到云计算，从新能源汽车到笔记本电脑，无所不包。华为拓展新产品新业务有没有方法论？或者说华为是如何设计业务拓展模式的？

最简单地说，华为是用"安索夫矩阵"的方式拓展业务的。

策略管理之父安索夫博士（Doctor Ansoff）于1957年提出了公司业务拓展的方法论——安索夫矩阵。

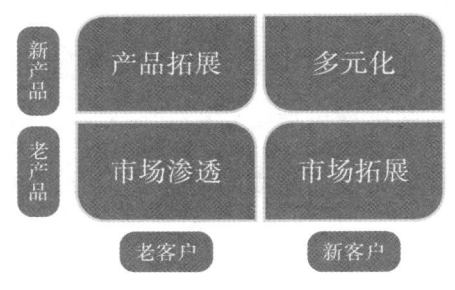

安索夫矩阵

安索夫从客户维度和产品维度进行分类，产品有新产品、老产品，客户有新客户、老客户，四个要素组合，有下列四种策略：

1. 老产品，老客户，市场渗透策略（提高市场占有率）；
2. 老产品，新客户，市场拓展策略；
3. 新产品，老客户，产品拓展策略；

4. 新产品，新客户，多元化策略。

华为将这个方法论活学活用，效果良好。在上述四种组合中，第一种组合是成熟业务，策略就是提高市场地位，提高市场占有率。在第二和第三种之间如何确定优先级呢？华为选择的是老客户新产品的产品拓展策略。华为从代理起家，通过成熟产品拓展市场，市场熟悉之后，再开发了大型电话交换机，打进国内电信市场，然后，又开发了许多种类的电信设备，卖给国内电信运营商。到2001年，大规模拓展海外市场时，华为已经有了全线电信设备了。也有公司选择较为单一的产品进行全球销售，瑞士手表品牌非常多，公司也非常多，每个公司规模都比较小，但它们都在世界各地销售它们的产品。

在优先顺序上选择第二还是第三种？因行业而异，同时企业也有一定的自由选择空间。在电信设备行业，相当长的一段时间摩托罗拉、爱立信、诺基亚只做移动设备，朗讯、北电、阿尔卡特则做固定网络设备，只有华为和中兴做了比较齐全的网络设备，而且在国内市场完成拓展后，才开始规模拓展海外市场。

公司拓展业务范围时，在路径选择方面，经常因缺乏思考而犯错误。公司拓展新赛道时经常受到机会主义的诱惑，听闻某件事赚钱就杀进去，杀进去之后往往发现有太多坑，其中很多坑很难绕过去。

安索夫矩阵只是对四种组合提出了四种策略，是描述性的，并没有明确的优先顺序主张。但加上优先顺序后，这个方法论更有实用价值。拓展业务范围有两种路径，分别是1—2—3—4和1—3—2—4。这两条路线要根据行业和企业具体情况而定，排名不分先后，视具体情况而定。

业务拓展要遵从最大抓手、最小阻力原则。

每个企业都有产品和客户两个维度，公司成熟的产品已经填平了各种坑，排除了各种雷。成熟的客户已经接纳了你，你和客户之间已经有一定的信任关系，由于彼此熟悉，对客户需求也有较为深入的理解。产品和客户里有一个成熟的、有把握的部分叫作抓手，有了抓手，就消灭了产品或者客户一个维度上的不确定性，这样比一无所有进入市场创业成功的可能性大大增加。

华为电信设备拓展采取了1—3—2—4路径，先利用老客户（中国）平台培育出全线的电信设备，再出海拓展新客户。如果选择1—2—3—4路径，就需要先全球化拓展客户，然后再补齐产品线。华为采取的1—3—2—4路线就是最大抓手原则，因为中国是一个巨型市场，在这样规模的市场上，做任何产品都有足够的市场空间保证经济性，这个抓手非常大。如果老客户是一个小市场，就只是一个小抓手，它就无法支撑你培育全线产品，最好的选择就是先扩展客户范围，然后再扩张产品线。所以，先进小国的公司对全球化的依赖度高于大国的公司。

我们再以华为手机为例，说明华为拓展业务范围的方法和步骤。

华为最早做手机大概是2003年，当初搞小灵通，电信和联通是仅有的客户，属于向老客户卖新产品的模式。小灵通的使命结束之后，华为顺便做一些GSM、CDMA手机，销售给运营商，并接收运营商定制的手机业务。华为当时没有发展社会渠道销售手机，认为手机是消费者使用的产品，和电信产品完全不同，自己并不理解消费者需求，也不懂渠道销售。

2008年，中国开始部署3G网络，智能手机开始发力，运营商为了帮新建的3G网络多搞一些用户，就大力开展存话费送手机促销活动。由于运营商的巨额补贴，手机在运营商的出货量一度达到60%左右。国内手机厂商也借助运营商渠道销售手机，其中，最成功的公司有酷派、联想、中兴、华为,被称为"酷联中华"四大金刚,各占全国10%左右的市场份额。这四个厂商中华为、中兴本来就是电信设备供货商,酷派在BP机时代就与运营商建立了广泛的联系,而联想则一直给运营商供应PC,它们都是在老客户的基础上拓展了新的产品。

但是,对于手机厂商来说,运营商渠道有两个天然缺陷。第一,运营商补贴手机是临时的市场拓展策略,一旦用户被锁定,他们不会一直送手机,这个市场注定会萎缩。第二,运营商销售的主要是廉价的低端手机,手机厂商难以获得利润,也很难建立起自己的品牌。

面对这个确定的趋势,2011年,华为手机开始转型,目标就是拓展社会渠道,向高端机方向拓展。

华为手机发展采取的是典型的老客户新产品组合模式。利用老客户将产品培育到一定成熟度之后,再拓展新客户,新客户就是最终手机消费者,最后华为通过传统渠道和电商将手机卖给最终客户。

在这个案例中,手机销售趋势是明确的,任何人都可以看得到,"酷联中华"也都看得到,但唯有华为坚决地执行了转型战略,"遇到问题不回避,遇到困难不躲闪"是华为干部每年都要宣誓的八条之一,只有真正正视问题,才有可能解决问题。

现在市场上的几个主要手机玩家，小米、OPPO、vivo各有不同的条件，在公司起步时都利用自己更熟悉的要素作为抓手。小米高层更懂互联网，所以，相当长的一段时间都通过电商销售手机，而OPPO、vivo则熟悉线下渠道，它们深耕线下渠道，也取得了很好的成绩。

企业战略说到底是为了成功，让企业尽量赚钱。为了这个目的，企业会本能地利用一切有利条件拓展。安索夫矩阵概括了企业业务拓展的基本规律。

企业战略的失败往往是机会主义的失败，企业看到别人做某项业务赚钱，就迅速杀进了这个行业。尤其是在一个已经充分竞争的市场，每个玩家都建立了自己的优势，没有客户抓手，也没有产品积累，进入这样的市场是非常困难的。即使强大如华为，进入一个新市场，也需要有客户基础或者产品基础，否则，成功率也会比较低，代价巨大。

大公司拓展新产品、新客户没有抓手，犹如创业公司一样困难，成功率低。大公司虽然资源雄厚，可是，这些优势被巨大的运作惯性抵消了，大公司拓展新业务成功的案例并不多，不然市场早就被少量大公司垄断了。

即使是同一行业，只要有巨大弯道和变轨，大公司也经常翻车。功能机变轨智能手机，只有三星一家活下来了，其他玩家都是新面孔。燃油车切换电动车，传统车厂笨手笨脚，有点岌岌可危。当关键成功要素发生变化时，原来的公司也不具备新的关键要素。同时，被淘汰的关键要素则成为原来公司沉重的包袱，燃油车变成电动车，发动机、变速箱都没有了，生产这些零部件的设备，和掌握这些部件技术的人员就成了包袱。

华为是一个例外，仅仅在电信设备行业也经历过几次转型，固定网络到移动网络，语音通信到数据通信。细看之下可以发现，只有华为穿越了电信设备的所有变轨，几乎所有技术分支上的设备都很有竞争力。华为还成功地越过边界，扩张到很多领域。西方谚语说老狗学不了新把戏，华为员工打破了这个魔咒，产品不断过气，人员经常调动，但华为相当多的员工早已经适应了学新把戏，这是华为能够不断扩张的基础要素。

后来，华为把老产品新客户、老客户新产品两个象限都挖完了，只能拓展新产品、新客户了。

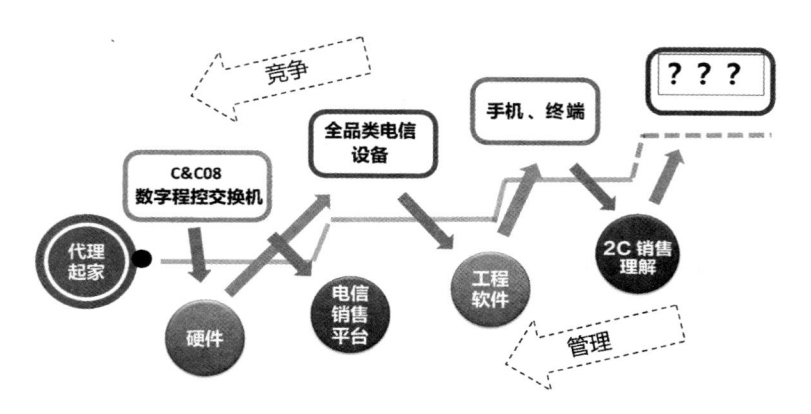

华为的能力阶梯扩张

华为即使进入一个全新的领域，也是有章法的。我把这个章法叫作能力阶梯扩张。如上页图所示，曲线上方是华为的产品和业务，下方圆形是能力。

华为每做一个大品类产品都沉淀了几种能力，这个能力又成为新扩张的基础。华为最早开发C&C08（数字程控交换）机时是关键的一跃，通过开发C&C08机，沉淀了硬件设计能力，建立了国内运营商销售平台。这两个能力要素让华为扩张到全品类的电信设备，在做全套电信设备时，又具备了一定水平的工程软件能力，这些能力项则成为华为进入手机行业的技术基础。华为做手机学会了2C行业的销售，发展出了做操作系统的能力。

沉淀的能力是取得新突破的基础，公司利用好这些条件，补齐缺失的要素，就能不断取得突破。假如没有做手机，华为不可能做成手机操作系统。但做手机不一定必然会做操作系统，华为的扩张基因和备胎思维让其做了一个试验性的操作系统，在美国的疯狂打压下，反而做成了一个有竞争力的大产品。

水总是往低处流，形成了弯弯曲曲的河道。商业也是会借助各种力量，往容易的地方扩张。这与前面说的压力传递系统不矛盾，压力传递是充分调动主观能动性，以更接近生意本质的路径去做生意，做成了就积累了一份能力。

最后，给创业者一个有实用价值的建议。

所有行业都是提供产品或者服务给客户，也就是都只有产品和顾客两个维度。创业者如果能手握一个成熟的维度，去构造另一个维度时难度就会小得多。例如，华为就是从代理小型交换机起家的。代理常常是小企业谋生的手段，少数情况下做代理的小企业也会发展成有自有产品的公司。

据统计，美国的70%以上创业公司，都是从事创始人原打工公司的相关业务。既没有成熟产品和服务，又不了解市场，创业的成功率就会很低。

不确定性，确定性

后发公司的好处是技术路线、商业模式、用户需求都已经明晰，后发者只要能突破壁垒，从巨头手里抢点粮食就可以生存发展。2010年之前的华为大体上就是这种情况。2011年，华为电信设备的销售额超过了爱立信，在技术上失去了灯塔的航向标，公司内部不少人开始感到迷茫。当时，公司上下都讨论失去灯塔公司怎么走路的问题。

后来，华为用"不确定性"描述不知道如何走路的焦虑。华为公司很早就讲以规则的确定性应对结果的不确定性。我认为这个说法不是很符合逻辑，规则确定了结果就能确定吗？规则和确定性之间联系并不紧密。早年，华为开拓市场的路上也有很多坑和雷，但大方向是走别人已经走过的路，只是进行一些微调，更适合自己的情况和环境而已，问题不大。到了2011年，华为除了在电信设备领域失去灯塔之外，又大规模进入了手机终端和企业设备网络这种华为基本上不熟悉的领域，华为开始真正面对巨大的不确定性。

大概在2014年，任正非总结出了"不确定性，多路径、多梯次探索；确定性，饱和攻击"的方针。从认识论上说这是一个具有严密逻辑思想，同时又有很强的可操作性的方针。当然，多路径也做不到理论上的严密，理论路径无穷多，经过人们的理性思考，关键的岔路口可能剩下两三条路径，如果无法排除，就小规模试一试。

2015年，任正非在一次和员工的交流会上说："我们现在不是靠赌哪一种技术、哪一种方向，'赌博'一种路线是小公司才会干的，因为他们的投资不够。大公司有足够的资金，在主航道里用多路径、多梯次的前进，使用投资密集型，来缩短探索方向的时间。在多重机会的作战过程中，可能某种机会成为业界的主潮流，战线变粗，其他战线会慢慢变细，但也不必关闭别的机会。把有经验的干部调到主线作战，把一批新干部调到支线作战去，继续进攻。前进的人来自多元化视角，并不是只有一条路线思想，他带来的是有失败经验的思想在前进，我们就一定会爬到顶端。美国军队要打胜仗，不计弹药量，大家以为他是浪费，其实是靠投资密集度来攻占。此外，我们有广泛吸纳人才的机制，而且，15万人'力出一孔，利出一孔'，我们除了胜利，已经无路可走了。"

那么，什么是确定性，什么是不确定性呢？

对企业而言，确定性就是技术路线上可行，产品有需求，反之，如果这些问题尚不清楚就是不确定性。企业涉及的不确定性主要有两方面，技术是否可行和产品是否有需求。如果再延伸一下，营销也有相似的情况，每一类产品都有一种或者几种可以走得通的销售方式，也有走不通的销售方式，新的销售方式通常都是不确定的。

技术路线上的不确定性

2007年苹果发布第一款 iPhone，同年谷歌发布了安卓操作系统，当时，智能机操作系统中还有市场占有率最高的塞班操作系统，属于诺基亚，但技术明显落后。微软的 Windows Mobile 已经在智能机领域耕耘将近10年，不温不火。诺基亚还联手英特尔开发了 MeeGo，但不怎么成功。

除了苹果只用自家操作系统之外，智能机操作系统的竞争形势是塞班、安卓、Windows Mobile 三强角逐市场。诺基亚已经认识到自己的塞班操作系统太老旧落后，丧失了竞争力。那么，它应该采取什么策略呢？

2010年9月，诺基亚挖来了微软副总裁史蒂芬·埃洛普做掌门人。埃洛普上任时，安卓操作系统已经具备一点优势，很多智能机厂商都选用了技术较为先进又免费的安卓。

埃洛普做出了两个重要决策，第一，立即停止塞班手机的开发，有背水一战的决心，没有退路才能勇往直前。第二，不用安卓，绑定Windows Phone[①]，决一死战。埃洛普解释说如果用安卓的话，就会和中国手机厂商同质化，而同质化是没有前途的。

日后复盘，埃洛普的决策直接将手机的王者诺基亚推向了死亡。Windows Phone竞争力上的劣势，很快就将诺基亚手机拖下了水。

当时，三星、华为等公司在看不清局势的情况下，多路径探索，既做安卓手机，也做Windows Phone手机。对于一个资源丰富的大公司而言，这本是非常平常且正确的战略。诺基亚孤注一掷赌Windows Phone，是因为一个错误的假设——做安卓手机会同质化，同质化无法赚钱。"一定会同质化，同质化不会赚钱"这是假设，是不确定的，埃洛普则把这个假设当成了确定的规律。

在新技术萌发或者旧技术变轨时期，总有多条路线竞争，最终胜出的往往是其中一种。当年高铁有磁悬浮和轮轨

[①] Windows Phone为Windwos Mobile的继任产品，2010年WP系统发布后，微软随即停止了对WM系统的支持。

两条路线之争（我国就采取了两条路线探索的方法），当年通信技术有IP和ATM之争，当年移动通信是GSM和CDMA之争等。

新能源汽车进入人们视野已经有十几年，现在已经随处可见。但很多环节都有多种路径，有些路径尚未决出胜负。在动力上主要有锂电池和氢燃料电池两条路径，而锂电池又有三元锂和磷酸铁锂之争；在动力方式上有混合动力和纯电；在传感器上有纯视觉和视觉加激光雷达等方式。将来众多的路径会在竞争中被淘汰，有些重要的技术路线选择错误可能导致灭顶之灾。

还有一些技术最终证实是没有需求的，20世纪70年代，是IT萌芽的年代，当时还有一条赛道就是机器人自动化赛道，日本开始时选择了两条赛道，后来选择主攻机器人，没有想到这是一个细小的赛道，日本也因此失去了ICT产业的大机会。

历史上，华为在选择技术路线上也出过较大的错误。2000年左右，华为错过了小灵通巨大的机会市场；同期，华为还错过了联通的CDMA95。小灵通和CDMA95都不是纯技术竞争选择的结果，而是和当时的运营商竞争格局等因素有关，但这也是不确定性的一部分。宏观分析常用工具PEST分析模型[1]本来就考虑了政治、经济、社会、技术四个角度，不管什么原因，企业只要选择错了就要承担后果。

不确定性广泛存在于各种行业，例如餐饮是一个古老的行业，人们对饮食有确定性的需求，但在一个具体的地点对食物的品种、价位需求则是不确定的。谁能在不确定性中找到一定的确定性，谁就会获得一些竞争优势。

面向未来的不确定性，如何才能做出正确的决定？

华为的方法就是多路径、多梯次探索。华为进入手机行业时不懂行，但华为有高成本、较高技术能力的约束和条件，华为必须向高端手机冲击。怎么做到呢？从2011年开始，华为做了D、P、M、兰花四个系列多款机型冲击高端，三年之后，M系列的一款机型敲开了高端机的大门，后来又成功地挽救了P系列手机。而D和兰花系列则淘汰了。这就是一个面对不确定性多路径探索的例子。

---

[1] PEST分析模型是利用环境扫描分析总体环境中的政治（Political）、经济（Economic）、社会（Social）与技术（Technological）等四种因素的一种模型。这也是在做市场研究时，外部分析的一部分，能给予公司一个针对总体环境中不同因素的概述。这个策略工具也能有效地了解市场的成长或衰退、企业所处的情况、潜力与营运方向。

营销的确定性和不确定性

相对技术而言，营销的不确定性似乎比较少，没有技术含量也没有专利壁垒。营销的不确定性是在没有发明有效的方法之前，每天都有许多人尝试用各种各样的方法销售种类繁多的产品。乔布斯之前，没有人为一款手机开发布会。在小米开拓线上销售手机模式之前，通过线上购买手机只是一个极小的支流。

营销创新者的利益在于一旦创新成功，容易成为垄断者，起码也能获得巨大的先发优势。小米打通了线上销售手机模式之后，很长时间都独享线上销售模式，众多竞争对手都学不会。淘宝创造的C2C模式相当长的时间垄断了网购市场。直播带货成就了较早入行的头部主播，后来者则非常困难。因为营销方式的创新有"马太效应"，就是强者愈强、弱者愈弱。创新者容易通过传播蓄势，一边卖货一边增加土地肥力。

确定性饱和攻击

技术上的确定性就是技术路线已经走通，市场已经做出了选择。2000年左右，通信技术路线有IP和ATM之争，华为不敢孤注一掷，两边下注，都开发了产品。经过两三年左右的竞争，IP技术胜出，在技术路线上就具备了确定性。

像5G这样的大技术是确定的吗？从纯粹理性需求来看，可能是高度不确定性的。4G已经满足了人们所有的需求，为什么要用5G呢？任正非在一次接受采访时也坦承不知道5G有啥需求。但倘若把边界条件加上，就发现它是确定性事物。从公司内部看，华为有大量的无线产品开发人员，得给他们找事干。从用户看，运营商在移动网络上的军备竞赛是可靠的，没有一个运营商敢于在竞争对手上了5G的情况下，固守4G。整个社会在各种混乱的传播中也会把5G说得很神奇，帮助5G造势，进行社会化营销，于是，5G就会成为一个必然有人买单的产品，也就是会构成商业闭环，这样5G就成了确定性事物。

如何对确定性事物发动饱和攻击？就是把资源堆上去做到最佳。例如，当年华为手机经过各种尝试，认定拍照好是一个能吸引用户的卖点，直接堆上400人干拍照算法，很多公司整个手机开发团队都没有这么多人，这就是饱和攻击的一个具体例子。

在销售中样板点被证实是很有用的，华为就快速找样板点开通新设备，可以不计商业利益，这也是饱和攻击。

凡是有人走通的路，华为认为都是确定性事物。对于确定性事物，只要资源堆得足够，有耐心、不断改进，不可能走不通。小米公司将线上销售手机走通了，华为没有理由走不通。于是，荣耀子品牌疯狂投入到线上销售模式探索中，从产品到营销瞄准小米，瞄准线上销售，大力出奇迹，华为很快就走通了这条路。资源雄厚的公司更适合在红海中拼杀，红海是确定性事物，先发者建立的势能是可以通过持续大规模投入中和的。

由于饱和攻击需要投入重度资源，是不是小公司就不能发起饱和攻击？不是的，华为很小的时候也是用饱和攻击方法。

小公司没有那么大的胃口，只要比对手强度高就可以夺下来一个小市场，多产粮食。很多采用饱和攻击的个体户利用网络传播工具放大能量，比一些小型上市公司还赚钱。

第三章

华为营销组织

管理思想要通过组织、具体的方法和人落实成一个个具体行动才会有成效。组织是落实思想的承接者，比如销售要做客户关系就要有组织承接做客户关系的任务，组织里的人怎么做客户关系就有各种各样的方法和套路。

企业管理、营销都是在摸索中前进的，没有人能准确地预料到会有多少事情发生，更不可能知道在细节上该怎么做。但大致上需要做哪些事情是清楚的，管理思想主要是解决多岔路口的选择问题。比如，在市场销售中，到底是尽量节省成本还是尽量确保拿到订单？怎么对待各种不同的竞争对手？基层组织和人则是想各种办法、采取各种行动发现问题，解决问题，发明方法。不管什么样的组织结构，公司都是一个有秩序的智力资源池，上级策划大方向，下级就会在实践中完善、丰富落实方法。

2017年6月，华为在上海开了三天战略务虚会，任正非做了总结发言，题目是"方向大致正确，组织充满活力"，浓缩地概括了企业运作的基本模式。

华为的组织非常强大，对上，总能把战略思想分解成具体的任务；对下，总能管理到位、执行到位。

我分三个层次讲华为的组织特点，第一个层次是组织的顶层设计，在华为官方文件中叫矩阵结构。我觉得与其叫结构不如叫原则更合适，结构通常指画出来的组织结构图，说的是部门设置和隶属关系。而矩阵结构说的是组建组织的原则，矩阵结构用得好适合于相当多的行业，华为是无处不矩阵。第二层次是组织部门以及组织内部主要角色的设置和分工。第三个层次是关于组织的价值创造与激励机制。如果能够深刻理解这三个层次，就可以设计、调整符合你自己企业特点的有战斗力的组织了。

摆脱对个人的依赖

一个公司能否发展壮大的主要因素，第一是行业，销售的产品大体上决定了公司潜在的规模。第二就是组织能力，同样的或者相近的行业，能做大做强的都是组织能力强的公司。

在组织中，销售组织又是十分关键的。我见过很多公司的瓶颈明显在组织，大量的小型公司只有老板一个人在销售，下面的人都给老板打杂。老板不把销售工作交出去主要是两个很实际的原因，首先，下面的人水平比老板差得比较多，销售机会本来就很稀缺，怎么舍得给下面人练手浪费机会呢？其次，小公司通常在集中度不高的行业，门槛不高，下面人掌握了客户，容易另立山头，成为老板的竞争对手。经营中的这些实际问题确实是非常重要的。

还有规模稍微大一点的公司，在很多区域开了分支机构在当地销售产品，但是，分支机构缺乏组织构建，招几个人单打独斗，不能形成合力。另外，当地销售经理做熟了市场之后，他自己就成了公司业务扩张的瓶颈了，他把持关键客户，小富即安，不想让更多的人进来拓展分食市场蛋糕。

解决了组织有效扩张的问题，肯定有助于公司做大做强。

公司组织能力不强的问题出在哪里？我认为有两个重点问题，第一就是销售没有摆脱对个人的依赖。第二，缺乏一个扩张型的组织设计。

大家可能都没有注意到一个现象，国企规模通常都比较大。首先，当然是国企卖的产品多数都是刚需、有规模

效应的产品。除此之外,还有没有其他方面的原因?国企在组织上有大多数民企不具备的优势。比如:

- 国企基本上都摆脱了对个人的依赖,上至总经理,下到各级主管,企业人员可替换性非常强。
- 国企不怕员工另立山头成为自己的竞争对手。
- 国企有比较完善的反腐败制度性安排。
- 国企有较好的组织架构铺设到广阔的区域,拓展业务方式成熟。

私企有完全的组织自由设计空间,组织模式、激励制度都很自由,但自由不是优势,可能八成以上的私企在组织设计方面落后于国企。即使有些规模比较大的私企,在组织设计方面也有很明显的弊端。

一个具有扩展性的组织必须是摆脱对个人依赖的组织。华为早就敏感地意识到了这个问题。

1995年,任正非在上海信息技术研讨会上讲话说:"工程化设计方法使软件的开发设计摆脱了对人才的依赖,不管谁离开公司,都不会影响公司的正常运作,为产品提供了安全性。"

1996年，在推行ISO9000质量体系中，任正非又说："我们今天能运行，我们是依靠这几个很熟悉的人，所以我说过有三个摆脱——摆脱对技术的依赖、摆脱对人才的依赖、摆脱对资金的依赖。完成了这三个摆脱，我们就从'必然王国'走向了'自由王国'。"

"三摆脱"是华为的一个重要指导思想。其中，对技术的依赖其实是无法摆脱的，摆脱对资金的依赖属于经营安全和如何筹措发展资金的问题，关键则是摆脱企业对人才的依赖，这一点成为华为组织模式设计的关键点。

所有大型公司都摆脱了对个人的依赖，各个层次的人都有可替换性，反之亦然，只有摆脱对个人依赖的公司才能成为大公司。阿里巴巴早期也和华为一样，意识到公司摆脱对个人依赖的重要性，阿里起家时选择的业务并不像多数2C互联网公司的"等客来"模式，由于选择了2B业务，他们要上门推销一种非常不靠谱、没法为用户创造真正价值的"会员卡"，目标客户就是小微企业。通过艰苦"地推"，阿里勉强能够养活自己。地推时期阿里的"中供铁军"就摆脱了对个人的依赖。他们的做法主要有两点，第一，师傅带徒弟，学会地推的人员带新手。第二，干部的频繁调动，输出有经验的地推干部到新地方把市场拓展出来。这样一来，每个区域都成了人人可地推的扩张型组织。

华为公司有多种方式解决对个人的依赖，它也有师傅带徒弟和干部无限调动模式。这一招解决了山头主义、本位主义。同时，师傅带徒弟和无限调动，达到了扩散先进经验的目的，人人都能战斗才是摆脱对个人依赖的根本。如果摆脱了对个人的依赖，战斗力下降了，很多人脱离了熟悉的环境不会打仗了，这就是本末倒置。也有公司强行剥夺掌握客户资源的大销售权力，结果导致公司经营下滑。

华为摆脱对人才的依赖并不仅仅指市场销售，也包括对研发人才的依赖。研发摆脱对人才依赖的主要方法是流程化把工作切成细丝，让每个环节都变得简单可控，人员的可替换性增强。

市场销售主要是通过建立组织销售能力，不断调动主力人员摆脱对个人的依赖。自然状态下的推销会选择有销售能力的人胜出，如果按自然模式成长，组织会出现几个能出活的大销售，还有一些无法产出的销售人员，而组织层面则是一盘散沙，大销售也成了难以替换的人员。华为的产品属于复杂的、很难推销的产品，于是，合理的劳动分工就很有必要，而劳动分工则锻造了团队作战能力，减少了对大销售个人的依赖。

摆脱对个人依赖是一个很高级的目标，实现这个目标有很多综合手段。华为当初在迅速扩张时期要求干部必须带出人才，带不出人才的干部不会被晋升，还可能会被降职。这解决了部分领导干部、大销售的遮蔽效应——大树底下不长草。

很多公司在成长过程中，开始时是野蛮生长，自然销售。等到公司发展到一定程度，才发现对个人的依赖成为公司发展的瓶颈。已经形成的销售方式尾大不掉，改革起来非常困难。

华为电信设备属于最复杂、最重度的销售业务，这种类型的业务对大销售依赖度通常更高。华为起家时，它的竞争对手都是外企，非常强大。外企基本上都是通过神通广大的大销售搞定订单，大销售不需要很多人，每个人的订单产出量极大，效率很高。华为走群众路线，摆脱对大销售的依赖，用小米加步枪，打了一场人民战争，走出了一条新路，堪称伟大的商业故事。

比较容易推销的产品，都比较容易出单，相对容易摆脱对个人的依赖。

当然，各行有各行的特点、难点、突破点。要想做大做强，摆脱对个人的依赖几乎是一个铁律，权衡各种利弊，树立了目标，方法会在实战中成形。

销售组织的顶层设计

作为后发展的公司，前面自然有很多公司可以参考。华为诞生于1987年年底，那个时候，市场经济刚开始施行不久，现代化的管理理念和方法远未像现在一样普及，通俗地说，整个社会都比较土。华为较早的时候就琢磨怎么跟现代先进企业接轨。在引入洋咨询之前，华为在人大教授的引导下，花了三年时间搞了一个《华为基本法》，共103条、17000字。在本书中，我多次提到《华为基本法》，因为华为公司的架构和管理思想的骨干在搞《华为基本法》时就想清楚了，我读《华为基本法》会想到《留侯论》里"此其所挟持者甚大，而其志甚远也"这句话。在实践中，我慢慢地领悟了公司的指导思想是如何变成实际行动的。

关于华为销售体系的组织结构，《华为基本法》里有几处描述，最重要的是两条：

【第三十一条】营销系统的构架是按对象建立销售系统，按产品建立行销系统，形成矩阵覆盖的营销网络。

【第四十四条】公司的基本组织结构将是一种二维结构：按战略性事业划分的事业部和按地区划分的地区公司。事业部在公司规定的经营范围内承担开发、生产、销售和用户服务的职责；地区公司在公司规定的区域市场内有效利用公司的资源开展经营。事业部和地区公司均为利润中心，承担实际利润责任。

华为矩阵组织

矩阵结构

一般认为，矩阵结构是日裔美籍管理学家威廉·大内于1981年提出的一种企业组织结构构想。华为很早就强调公司要用矩阵结构管理，不知道是巧合还是华为采用了威廉·大内的思想，矩阵结构是华为最核心的组织形式，写进了1998年制定的《华为基本法》。

就算是十分复杂的大公司，管理的大部分内容还是很朴素的，凭直觉和经验即可以做出很好的选择和设计。100多年前，亨利·福特发明了流水线，与此同时，温斯洛·泰勒在研究《科学管理原理》，福特解决实践的问题，泰勒专门进行认真的系统研究。他们二人并没有交集，都没有从对方那里吸取营养，但殊途同归，都对后世做出巨大贡献。倘若一个学科科学化程度比较深入，朴素操作是不可能达到科学效果的。盖平房不需要图纸，也不用力学计算。要是盖高楼就必须有图纸，有力学计算。而管理的大部分内容，尤其是最重要的那部分如商业模式设计、公司顶层结构设计都属于盖平房阶段。这就解释了顶级商学院毕业生也未必能胜过从不看管理书籍的管理者。任正非曾经说过，他从来不看管理书。医生可能当得了总统，总统则不一定当得了医生，这是不同学科科学化程度的区别。

销售中的矩阵结构就是按照产品和区域维度形成交叉矩阵。华为有很多种类的产品如固定网络、移动网络，也有不同区域的客户，如吉林省、山东省等。这两个维度，一横一竖，就构成了一个二维表，每个客户都被这个二维表覆盖。矩阵结构的指导思想很容易理解，使华为可以对目标客户推销所有产品。

矩阵结构还有另外一层意思，一个员工归属两个部门，一主一辅，员工也在矩阵的交叉点上。这后来成为华为组织结构的核心思想。如果在北京代表处找一个员工，他首先属于北京代表处，然后，他可能是移动系统部客户经理，负责向北京移动销售；他也有可能是数据通信设备销售人员，负责向北京地区的运营商销售数据通信设备；如果该员工是财务人员，他也属于财经体系。华为80%以上的员工都归属两个部门，华为组织普遍采用了矩阵结构。

销售体系采用矩阵结构，让每种产品在每个区域都有人负责销售。这样一来，公司的所有产品在所有目标区域都有专门人负责销售。

华为选择二维矩阵结构作为公司主体结构有两个原因：

第一，行业公司基本上都是类似的组织结构，华为是一家照猫画虎的公司，模仿性大于原创性。

第二，在实际运作中，发现这种结构很合理，适合行业特点。在实践中，华为不断总结优化，逐渐将矩阵结构的细节做到非常好。

《华为基本法》里面按客户对象建立销售系统，在实际落地时就是把客户经理部署到客户区域，按产品建立的行销系统就是所有产品都有人负责销售,在华为公司负责专项产品的部门叫行销部。这两个部门的分工,紧密配合就形成了全部产品都有人负责向所有顾客销售的网状结构。

组织结构有很多种类型,吃得透、搞得好一种组织结构,就可以起到纲举目张的功效。组织到底做什么工作,细节做得如何,比纸面上的组织结构更重要。有很多小公司都设置了很多部门,存在流程混乱、部门之间信息闭塞的问题,其根本原因是没有吃透组织结构的内涵,没有想清楚主要问题。

好老师、好的学习资料固然对提高学生的学习成绩非常重要,但决定性的因素还是学生自己。华为就是这样的好学生,它模仿的对象、咨询公司解决了大致的方向问题。华为在实践中,不断练习、矫正、深化,用一段时间就掌握了精髓,能够很好地解决实际问题。

主线作战,辅线赋能

比矩阵结构更自然、更朴素的组织是职能型组织和项目型组织。职能型组织就是各司其职的组织,研发、销售、人力资源、财务等部门都各司其职,这是一种很自然的按专业分工划分的组织。项目型组织则适用于一些以项目为核心业务的行业，具有临时性的特点，如修建一座桥梁、一条公路。

矩阵型组织是在职能型组织的基础上多了一条辅线，这样一来，每个人就有了两个上级主管部门。在职能型组织中，如果某员工是北京代表处客户经理，他就负责某个细分市场的销售。如果是矩阵结构，他还属于这个细分市场的主管部门，比如他可能同时是移动系统部的客户经理。

与职能组织结构相比，矩阵结构更复杂，最简单的例子，一个员工要双线汇报，承接经纬两个维度分配的任务。复杂就会效率低下，那么矩阵型组织带来的好处是什么呢？

第一，矩阵结构把公司联结成一个整体。条状的职能结构容易造成条块分割，网状的矩阵结构则让公司形成了一个整体。绝大多数公司，即使只有中等规模，也形成了按产品系列划分的类事业部制。假如有个公司销售PC、打印机、绘图机等产品，一般都会有三个类事业部制，这三个部分别在各个区域建立销售组织。这种方式会让公司力量分散，业务单元之间独立性强，公司组织就比较松散，不太利于集中力量干大事。如果采用矩阵结构则是一个销售平台负责与目标客户对接，PC、打印机、绘图机则是这个平台上销售的三种产品。我接触过非常多的企业，无论规模大小，他们员工对周边业务的了解远不及华为员工对周边业务的了解，因为他们是按条块分割的组织而不是一个整体。

第二，矩阵组织能够兼顾作战和赋能。华为销售的矩阵结构在统一构筑的客户平台上销售所有产品，每种产品都可以利用已经构建好的客户平台触达客户，这是一种有利于作战的结构。同时，由于每个员工还有一条辅助管理线，这条线统一部署工作任务，进行培训、同行交流等，这些赋能工作对于提高员工的专业能力、战斗力很有帮助。某员工是北京代表处销售数据通信设备的行销人员，他属于数据通信行销部，承接数据通信行销部的任务，数据通信行销部可以对整个数据通信产品销售负责。假如这个员工辅线是移动系统部客户经理，他就同时承担移动系统布置的任务，移动系统部可以在全国调兵遣将，统筹安排。这样，华为在客户维度上也形成了全国一盘棋，员工通过承接辅线上的任务，以及一系列的活动，被充分赋能。

第三，矩阵组织可以通过客户线落实客户分级分类管理战略，通过行销线落实产品战略。无论什么行业销售都只有客户和产品两个维度，矩阵结构特别适合落实这两个维度的战略部署。

华为最初的矩阵结构从市场部开始，因为市场销售天然有客户维度和产品维度。市场部的矩阵结构运作好之后，全公司上下都理解了这种结构，自然而然地都采用了这个结构。有的非市场、非研发主战部队也采用了矩阵结构，而由于业务单元太小，没有人重视，也没有深刻理解组织结构的优劣，一些业务采用厚重的矩阵结构反而责任不清晰，出现管理过度的问题。华为公司在总结自己人力资源问题时说：公司存在成熟业务组织僵化，成长业务与新发展业务组织管控过度，职能碎片化、多头管理、过度管理导致组织低效、运作成本较高的问题。

军队有一条组织原则叫作"军区主战，兵种主建"，华为的主线作战、辅线赋能与军队组织模式有相似之处。

分属于两个管理部门的员工如何考核？华为员工都有工资级别和任职资格两个维度，张某工资级别是19级，他的工资、奖金、股票等都随工资级别。张某任职资格是销售工程师5级，这个是由辅线认证的。任职资格有两个作用，第一可以牵引工资级别，起参考作用。第二，任职资格通常决定调动，调动就是机会。机会的奖励也是非常重要的。

大统一的组织

矩阵结构只是华为组织顶层设计的一个落脚点，顶层设计还包括整个公司的结构，华为最突出的特点是大统一结构，即使公司业务范围如此之大，仍然是大统一结构，公司可以在全公司范围调配人、财、物。这种结构保证了拓展新业务的投入能力，公司有大量的资源可以培育新业务。一旦哪个业务单元出问题，公司还可以养兵蓄势，以图东山再起。

2019年5月16日，美国将华为列入实体清单，断供很多元器件；2020年5月15日，美国限制芯片制造企业为华为代工芯片。华为手机部门、芯片设计部门大半壁江山被砍掉了。但华为并未因此裁员，队伍没有散架，这与华为的大统一结构密切相关。

我认为，如果没有华为在搞电信设备业务时运作非常成功的矩阵结构，就没有后来的大统一结构。公司多年运作电信设备的矩阵结构让公司成为一个有机的整体，公司也尝到了甜头，这为华为公司扩张多业务的整体结构打下了基础。

顶层设计部分来源于实践，部门设置和功能来源于公司领导对业务规律、各种利弊权衡取舍的深刻洞察。这种深刻洞察是稀缺能力，人们很难看透组织设计和真实业务的关系。每一种结构都有优缺点，各个要素之间相互掣肘，高屋建瓴地权衡利弊是很难的。

《华为基本法》中明确地说："战略决定结构是我们建立公司组织的基本原则。具有战略意义的关键业务和新事业生长点，应当在组织上有一个明确的负责单位，这些部门是公司组织的基本构成要素。

组织结构的演变不应当是一种自发的过程，其发展具有阶段性。组织结构在一定时期内的相对稳定，是稳定政策、稳定干部队伍和提高管理水平的条件，是提高效率和效果的保证。"

基本法里面明确说组织结构的演变不是自发的，那么就是公司上层设计的结构。

组织结构的顶层设计也不是凭空想象，参考同行、自身实践、咨询公司提供的方案等都是组织结构顶层设计的来源。但这些均不能代替高层领导的智慧，很多同行组织结构、组织方法表面上是一样的，而在具体责权利和运作方式上的区别，则会产生南辕北辙的效果。

华为矩阵结构的精细运作

矩阵结构在销售体系的运作就是A、B角模式，A是客户经理，B是产品行销经理。矩阵结构关键有两点：

第一，每个员工有两个主管部门，这是把公司众多产品销售任务部署到一线的组织保障，部门的任务是通过员工落地的。

第二，销售时A、B齐上阵，客户经理统筹客户关系和项目，产品行销经理负责销售特定的产品。

所有2B销售都要有客户经理，他要上门推销，接触客户，建立客户关系，这是推销产品的基础。行业的差异是要不要产品行销经理，那么产品行销经理到底干什么事情？

简单地回答这个问题，就是产品复杂就需要产品行销经理，产品简单就不需要。华为推销的电信设备，总是有各种新技术、新产品出现，客户经理很难熟悉所有产品和技术，因此每条产品线都有产品行销经理推销自己负责的产品。

华为提出矩阵结构时，基本上只有单一的程控交换机，还没有复杂到超过客户经理理解能力的丰富产品线，也就是说客户经理也是可以介绍清楚产品的。分成A、B角的原因是学习同行的做法，这样可以让优质的产品行销人员到处去介绍产品，另外，专业化分工给客户比较专业的印象。

华为产品线丰富起来之后，这种A、B角的优势进一步放大。外企中和华为产品行销部对应的组织叫作售前工程师，他们的工作主要就是做标书，做技术交流。华为的产品行销部在运作过程中不断地开拓工作面，他们比外企同行承担了更多的责任，有更丰富的工作内容和武器库，这是通过实践与总结循环提高的结果。

客户经理和产品行销人员并不是同时均匀部署。新产品的行销部部门资源主要集中在总部，再延伸到各个区域比较小的结构。当销售新产品时，先把人员囤积在总部，派少量人员下到前线去接触客户。比如东北三省最开始可能只派一个人去，哪里有项目信息或者可能有客户购买，这个人就去哪里。随着项目进展，销售线索越来越多，总部就会派更多的人到前线去，比如在东北三省每个省都派一个新产品销售人员。当新产品完成了很多区域的突破之后，很快就有可能扩大战果，行销部的人员就大量部署到各个区域，展开饱和攻击。这样一来，在初期不会发生资源冗余、浪费资金、战斗力懈怠的情况。而在扩大战果时期,也不会因为资源投入不够贻误战机。

快速销售新产品

华为成立公司20年,一直在电信运营商这个老客户上拓展新产品,电信运营商要求高,采购流程复杂,新产品进入很困难,华为多年跟运营商做生意,已经了解了产品销售的成长规律,所以通过比较精妙的销售设计,新产品总是能够很快地突破市场,成熟产品则能迅速扩大市场份额。

通过专人卖新产品施加压力。考虑到成熟产品是公司的现金流,客户经理主要承担卖成熟产品的任务。他们不愿意卖新产品,费工夫,见效又慢,产品不成熟、不稳定还会影响客户关系。于是,让产品行销部承担新产品销售任务就是比较好的设计。产品行销部都是卖专项产品的,别的产品好卖跟你也无关,你只能硬着头皮去卖新产品,这就形成了一个"无依赖的压力传递"系统。但新产品也需要客户平台,产品行销经理要借助客户经理提供的平台和客户关系去拓展市场。

避免形成山头林立的事业部。许多公司也看到了客户经理不愿意卖新产品、不愿意洗盐碱地的问题。他们采取新部门拓展新产品的策略,但这种模式容易形成诸侯林立的"事业部制",分散了精力,不容易集中力量办大事。华为为了避免形成一个个的诸侯,采用的方法是新产品一旦拓展成成熟产品,起量的责任就转移到区域的客户经理手上。这样做的好处是不削弱区域销售平台的主导作用,面对客户始终有单纯的界面。那么,产品行销部费劲把产品拓展成熟了,为什么愿意交出权力?因为这是公司的管理制度,加上人员是不断调动的,防止了"屁股决定脑袋"的本位主义损害总体利益。任正非说要砍掉中层的屁股是有一系列的制度设计保证的。从长期看,这种制度设计对大家都是有好处的。因为电信设备这个行业产品生命周期比较短暂,就算你当了诸侯,也是无法持久的。通过这种制度设计,搞定了人才复用的问题,是公司和个人的一个双赢方案。1999年我刚到华为时就是数据通信行销人员,当时数据通信是一种新产品,市场占有率是零,三年后,我们销售的产品市场占有率达到了90%,我们就把销售权转移到了各个区域的销售机构,还是有点舍不得的。事后看来,如果不转给区域销售机构,我们自己也会因为这个产品生命周期的结束遭到淘汰。

用虚拟销售额平衡销售难度。考虑到不同产品的销售难度,就需要兼顾公司战略方向的牵引。华为经常用虚拟销售额的办法鼓励新产品销售。新产品难卖，如果卖100万，算你完成了400万的销售任务，这样的政策就保证了公平性，平衡了卖新产品吃亏的问题，起到战略牵引新产品的作用。

"双算"解决部门间配合。有些项目成功要两个部门配合，为了防止推诿，华为经常采取双算的方法（就是一个订单算作两个部门的销售额）。有时，双算也是扶植新业务的一种实用方法。如服务业务通常都要搭着设备去一起销售，如果由设备销售部门去销售，他们会嫌麻烦把服务业务赠送给客户。而单独派队伍销售服务业务也很困难，销售服务和销售产品冲突，不易成交。双算就成了一个较好的解决办法，因为服务经理也有销售任务，他会和设备销售经理"勾兑"，这个压力传递出去，服务收到钱的可能性就大大增加了。

后来，华为拓展海外市场，把二维结构原样搬到海外，搞一段时间后发现海外国家小，项目没有那么多，在每个区域都部署重兵太浪费，所以就把一些资源，主要是产品行销部集中到各个大区域，小区域则由小部队维持客户关系，一旦有重大项目，大区域的资源就扑上去，以项目为中心进行运作。在公司内部，则搞定了项目管理赋能的问题，形成了以项目为中心运作的考核方式，这样一来，就很好地解决了销售资源配置问题。这就叫"区域重装旅加上代表处班长的战争模式"。

我们现在总结，这几行字就说清楚了，但在实际中，华为好几年才发现这个问题，改成更适配当地情况的组织模式。从公司实践中发现问题，找到更好的解决方法是一种高级能力，绝大多数公司即使运作很多年，也未必能发现问题，导致资源浪费，划水的人多，干事的人少，就成为常态。

这种结构的问题

客户经理、产品行销经理组成的二维矩阵结构在新产品拓展时是很有效的，当产品矿脉拓展结束，接下来都是扩容的工作，产品行销部的功能必然弱化。用户第一次购买产品时，传播产品信息很重要；都已经采用你的产品了，扩容时大量的信息传播工作就不需要了。

例如，我们向辽宁移动第一次销售华为路由器时，路由器的产品行销经理很有价值。客户并不清楚华为路由器的情况，产品行销经理需要通过很多沟通活动让用户打消顾虑，采购华为路由器。销售成功后，第二年辽宁移动已经清楚华为路由器的情况了,产品行销部的功能就弱化了,只能做一些招投标的例行工作,行销部创造价值的空间就小了。

多年以来,华为公司一直推新产品,由国内市场扩展到全球。销售体系的客户经理和产品行销经理都能创造很大的价值。后来华为产品覆盖了电信运营商所有产品,客户也已经覆盖全球。产品行销部创造价值的空间就被全面压缩了,华为想了很多办法也没有解决行销部弱化的问题。

推而广之

每个公司、每个人都会按照习惯的方式做事情。设置组织结构也是如此,华为公司的组织结构都是参照销售电信设备的矩阵式组织结构设计的,通过嵌套,大矩阵里面可能还有小矩阵,每个人都是矩阵上的一个交叉点,分属于两个部门。后来这个结构拷贝到了公司的绝大部分部门,通过嵌套结构,覆盖了大部分工作岗位。

邮电管理局后来拆分出了国内的三大运营商,华为的组织结构也做了相应调整,成立了电信、移动、联通三个系统部,各地的客户经理被划分到不同的事业群。比如浙江省代表处的客户经理属于某个系统部,同时,他也属于浙江省代表处。他的主考核机构是浙江省代表处,辅助考核机构则是该系统部。

这样做的好处是,他在本地完成具体的销售任务后,公司可以通过系统部掌握各个区域人员的情况,便于比较、选拔人才,为客户经理的调动、升迁提供了客观依据。

再比如,郑州的一位数据通信行销经理,他的主考核机构是郑州代表处,辅助机构则是数据通信行销部。因此他在具体工作机构完成销售工作,产粮食;在辅助机构完成执行战略、资源求助、赋能等工作。

后来,华为进入了企业网络设备市场,这个市场虽然也是销售通信设备的,但和电信运营商相比,客户非常分散,订单都比较小。

面对不同的客户特点,用什么样的组织去推进销售?

答案一定是以自身熟悉的结构为本,建立一些具体的职能部门。运营商设备是直销模式,企业网络设备是分销模式,所以,企业网络设备一定要增加渠道管理部门。但在部门主体结构上,还是可以按客户群和产品类型划分成二维结构。

进入一个新市场、一种新类型的客户群,就要调整组织结构和作战方法,调整好就容易成功,否则会导致失败。

伏龙芝军事学院大门上写着："一切战术要适合一定的历史时代，如果新的武器出现了，军队的组织形式与指挥也要随之改变。"

一般人在琢磨组织结构方面是缺乏天赋和预见性的，所以根据客观需要，有一个大致的结构，在实践中通过解决具体问题来完善是通常的途径。华为一开始就是根据行业需求搞了一个简单的矩阵结构，发现并解决一个个问题之后，组织结构才精细化。

华为组织是发展性的，高层为了某一个具体的事会指定人员成立一个部门，比如成立一个专门打击竞争对手的部门，成立一个管控合同质量和执行的部门，成立互联网广告传播部门。至于这个部门要做什么样具体的事，不可能提前就想得很清楚、规划得很好，需要部门在实际工作中开拓工作面，完善工作内容，这样才会慢慢成熟。

华为主张每个员工应依靠自身的努力与才干，争取公司提供的机会；依靠工作和自学提高自身的素质与能力；依靠创造性地完成和改进本职工作满足自己的成就愿望。

有的领导开拓能力强，创新能力强，让他去领导新部门，他不断拓展工作面，就有可能打出一片天地。有的人适合按部就班的工作，就让他管理成熟部门，井井有条也很好。

按关键要素构建组织

矩阵结构是高层次的组织设计，有时它与具体的组织是相同的，如华为客户经理和产品行销经理共同覆盖一个客户。有时矩阵结构并不是完全具体的组织，如华为销售部门的"铁三角"，实际上销售部门还有销售管理部、总工办、人力资源、财务等好几个部门。不管几个角色，并没有改变矩阵结构的设计。

在设计具体组织时，一般都参考同行，采取拿来主义。但同行经常也不是很好，或者仅仅简单照搬照抄无法深入，无法创新出更强的组织。这就需要在理论上理解组织的构成原理。

从理论上设计、构建组织的方法就是"按关键要素构建组织"。你所在的行业、你的企业在销售中有哪几个关键要素，让功能专业化，就形成了组织角色。

电信设备销售的关键要素分析

华为管理的方法论基本上都是从销售电信设备总结出

来的，电信设备销售难点是门槛高、进入困难，同时销售电信设备没有获客环节，客户目标明确，数量有限。客户一旦购买，产单量大，不断重复购买，从而降低了销售成本。除此之外，电信设备行业的销售还有如下特点：

第一，销售电信设备像所有2B销售一样，需要客户关系支撑，这种客户关系不是一锤子买卖，需要长期合作。所以，客户关系是第一个要素，做电信设备销售需要丰富的手段建立立体客户关系，后面还会有一节专门讲客户关系。

第二，电信设备是运营商的生产工具，它对用户的重要性远远高于企业自用的设备，运营商对设备的技术、质量、特性理解相当深入。起初，华为公司比较小的时候，主要是卖单一的设备，也就是电话程控交换机。后来，设备越做越全，华为生产了运营商需要的所有主要设备。这时，华为开始主推解决方案，意思是一揽子设备，再加上一些集成服务。用户采购单独的设备自己集成还是采购一揽子解决方案，各有优缺点。采购单独的设备自己集成的优点是不被设备商绑死，能够保持讨价还价的筹码，缺点则是需要运营商自己有技术能力，集成维护多个厂商的设备。采购解决方案的优缺点则正好相反，自己省事，但容易被上游的设备供应商绑定，丧失讨价还价的筹码。所以，总体上大型运营商采购单独的设备多，小型运营商则以采购解决方案为主。这段总结看起来挺简单，在实践中，摸索了很长时间才慢慢找到规律。另外，销售方总是推销更适合自己能力和资源的方案，采购方则想尽各种办法破解供应方的谈判筹码。

销售方和采购方关系再好，人家掏钱买的是具体的产品，所以，解决方案是设备销售的第二个要素。

科技公司大量的研发人员都在为"解决方案"四个字工作。但是，顾客并不是自动理解产品理解解决方案的。推销环节对科技产品、对2B产品非常重要。所以，销售中的"解决方案"主要是指对产品的推销和包装活动。

第三要素是交付。华为早期设备质量不行，靠服务好弥补是很重要的一招。服务也是建立客户关系、洞察客户需求的一个接触点，华为的服务并不是简单的安装、维修。有个用户说，华为的服务真是好，安装设备时不留一点垃圾，还顺便帮助打扫、整理机房。有服务人员在安装设备时，顺便记录了用户机房的设备以及使用情况，根据这些信息可以推测用户购买设备的计划。这种经验共享出来，很容易复制。服务过程中还会经常遇到用户提出一些个性化的需求，这也是华为加强客户关系、获取销售线索的机会。在新设备、极重要的网点，华为把设备安装上之后，为了保证设备的良好运行，华为甚至会派出员工驻点，一年半载地接触下来，彼此的关系就非常熟络了。

第四个要素是商务与融资。运营商购买华为的设备用于提供用户服务，它们是重资产行业，这样的行业在公司初创期、大规模网络建设时期都需要大量的金融资产支持。上游厂商为了卖设备，给运营商做一些贷款担保或者其他金融服务就成了一个明显的需求点。30多年前，通用电气开创了对下游客户的金融服务业务，是杰克·韦尔奇执掌通用电气时的一个亮点，这促进了通用电气的产品销售。20多年前华为主要在国内拓展业务，由于电信业务大发展，华为帮助运营商从银行贷款也促进了自身业务发展。后来华为拓展国际市场遇到了更多金融服务的需求，华为就将融资服务也作为销售关键要素。

在四大要素中，客户关系、解决方案、交付都有专门的职能部门负责落实，打项目通常需要这三个要素，这就是华为的"铁三角"销售组织。实际上，三角是一种常态，根据实际项目需要，并不限于三角。如果有融资需要，财务人员也会参与到项目中，形成"铁四角"。

在企业运作的各主要环节中，人力资源、产品开发、战略管理的理论性要强过营销，而营销的实践性很强，遇到什么问题就解决什么问题，如果有共性的问题就找到较好的方案在公司推广。例如，在2B销售中，回款通常都是一个主要问题，大多数情况都是销售人员负责回款。早期华为到年底会派出大量经过培训的财务人员去客户那里取得回款，解决了让客户经理去催款和客户比较熟拉不下脸来的问题。华为财务找到对方财务，公对公，在业务上也对口，回款就比较容易。华为销售就是找到并解决许多具体问题发展起来的。华为公司有一边找问题，一边找解决办法的习惯，进入一个新的行业，很快就能从学渣到学霸。一个公司形成了市场导向、销售导向的文化，一有问题就冲上去解决，很快就会形成自己有效的套路。

用专门的角色完成这些关键要素中的任务，就形成了销售组织骨干，再加上一些人力资源、财务、销售管理部门等职能部门就构成了销售组织。

其他行业的关键要素

很多公司都在学华为构建销售组织，照猫画虎，像华为一样，组建了客户经理、产品行销经理、交付经理三个角色共同构成的销售团队。

华为的销售组织可以照搬到其他行业吗？

答案是不可以。如果行业不需要复杂交付，就不需要交付经理这个角色。华为在国内拓展市场时，虽然有交付部门，但它们并不涉及销售，因为交付都是标准化、界面清晰的。但在国外，经常有交钥匙工程，交付界面不清晰，交付经理若不参与项目前期运作，容易埋雷。华为在国内销售电信设备时，运营商也有融资需求，那只是向银行贷款，华为给予用户贴息，客户经理和销售财务就可以胜任了，也不需要职能专门化；在国外，融资方案可能非常复杂，就需要角色专门化、专业化处理了。

分工颗粒度并没有泾渭分明的界限，最早期华为销售背着设备去跑客户，做客户关系、讲解产品、安装产品一肩挑也是可以的。组织分工的基本规律是：专门化有助于提升水平；但分工过细，员工在一个狭窄的轨道上工作，容易出现工作量不饱满。工作量不饱满就会没事找事干，有时会开拓出新的工作面，把销售工具箱搞得更丰富。有时也会失败，长时间无法开拓有效的工作面，找不到有效工作面的部门会枯萎，找不到有效工作面的角色会被边缘化。公司在组织建设中，要常常"剪枝"，剪掉无法找到有效工作面的组织，根据要素需求，发育新的组织。

先建组织还是先作战

要开拓一个市场，首先要有人，人太少，力量不够，容易涣散。招兵买马建组织，市场攻不下来，成本又太高。时间一长，组织也会涣散，丧失战斗力，再而衰，三而竭。

怎么处理建组织和作战的关系？我们看两个实际案例。

1999年我去华为时，数据通信行销部已经成立了半年，有40人左右，但是还没有一个订单。我很纳闷，为什么有这么多人还没有订单，大家每天飞来飞去到各地出差交流，拓展项目，这么高的成本我都觉得心慌，公司咋就能沉住气呢？后来我理解了公司这种做法，公司胸有成竹是因为有经验，新产品半年销售不出去很正常，没有订单只是火候未到。电信设备有销售周期长的特点，这是成熟业务的扩张方法，是其他电信设备已经验证的方法，在新品种产品上拷贝就可以了，这种情况先建组织就是一个比较好的做法。

华为第一个行销部是怎么来的？就是从业界抄来框架，在实践中完善职能，根据市场变化，不断调整组织架构和工作重点而形成的。

我们再看第二个例子：

2012年，任正非在苏州企业业务战略务虚会上中讲了建组织和作战的关系问题：

到底是先建组织，还是先上战场，我主张先上战场。我已经对企业业务的组织建设批评过了，忙着建组织，忙着封官，没任命你先上战场打啊，打下来不就当连长了吗？你们要以这个方式来考核和选拔干部。官怎么出来的？打出来的。你战功卓著，当了军长，然后跟着你的人当了团长，这个宝塔结构的体系是稳固的。而我们用任命的方法建组织，全世界撒了一大批官，实际上一盘散沙，根本没有作战能力。

集中到目标市场上去作战。打成功了以后，最厉害的几个走了，都升官了，留下一个守住这个阵地，我们的老虎就出去了。东打西打，二十几岁就应该打到军长，有什么不可以？你不要相信这个邪，就是往上冲，最终会有人承认你的，你没有冲，我就撤掉你。华为公司也是在作战中组建起来的，我们的干部是他们自己打上来的，不是选拔上来的。所以在组织建设这个问题上，我同意徐直军的观点，就是在主战场、主项目上，集中了所有优秀骨干力量，打成功了，总结，分流，体系就组建起来了。不用作战的方式组建队伍，用任命的方式组建队伍，是没有用的。

2012年是华为大搞企业网络设备的第二年，到底该怎么搞，建什么样的组织还没有完全摸索出来。任总这段讲话也说明建设组织来源于实践，组织不仅是设计出来的，也有实践性的一面。前面内容介绍华为组织的顶层设计，不要误解成组织都是公司高层设计好的，拿去就可以用了。实际情况是既有设计也有实践，越是抽象的原则问题越需要顶层设计，越是具体层面的细枝末节，越要来源于实践。

华为在企业网络设备的扩张，采取了重度投入资源，排山倒海进攻的方法。2012年，华为公司进入企业网络设备已经有些时间，但是正式将企业网络设备作为主攻方向只有一年，业绩远未达到公司期望。此时，公司采取了一个激进的扩张行动，企业网络设备部门在一年内人数从8000人增长到20000人，然而销售增长仍然缓慢，结果大量的员工找不到事做，公司只好大裁员。

华为有激进增长的惯例，1999年销售额是1995年的8倍，人数却差不多是20倍。直到2015年，华为人均销售额才恢复到1995年的水平，考虑到整个中国人均效率的巨大提升，华为人数增长策略是非常激进的。

1995年后采取激进的员工数量增长策略

年份	人数	销售额(亿元)	人均销售额(万元)
1995	800	15	188
1996	2500	26	104
1997	5600	41	73
1998	8000	89	111
1999	15000	120	80

"人力资源优先增长"在相当长的时间内是华为的信条，但这句话不能简单理解表面，并没有说管它业务行不行，先把人给我招来。公司规模大了之后，总有一种自然膨胀的趋势。华为人私下说："你手下有七八个人，你就只是一个班长；若招到三四十个人你就成了连长了。"另外，也不能简单地表述成尽量多招人，人和业务的增长不是总能相互促进，资源配置和业务增长之间没有简单的答案。

2012年的华为企业网络设备业务比当年电信设备业务实力强大得多，复制当年人力资源优先增长的策略看来顺理成章，结果却没有成功。事后总结一下，可以说当年华为对电信设备市场已经非常熟悉，赛道框架构建得很好，人多和业务增长之间容易形成良性循环。而企业网络设备市场则是一个非常分散的、华为尚不熟悉的市场,在没有深度理解这个市场成长规律的情况下贸然行动就会导致失败。这种情况在许多大公司非常常见。

在华为总结过去经验的一个官方材料上,对行业洞察总结了这样几条规律:产品相对标准化、代际变化相对缓慢;客户群体相对集中、具有相似性;商业模式比较稳定(2B模式,客户主要购买产品与相关服务)。行业的这些特点是华为推土机式地将单一产品推广到全线产品,从国内市场推广到全球市场的基础。

简言之,就是一种产品、一种模式一旦成功,比较容易按照类似的方法进行拷贝。成功的大公司都有相似的特征,找到合适的产品和商业模式,发挥现代企业规模复制的优势,就能夺取一个个的市场。

华为在拓展海外市场时,采取类似华为最早期的打法,先派出去小股部队摸索市场,找到门道之后再方阵式推进。虽说主体上全球运营商采用基本相同的设备、相同的商业模式提供服务,但是在细节上还是有一些不同。"主干清晰,末端灵活"是华为流程的指导思想,也是华为拓展不同市场的精炼总结。

组织拓展就是建设什么样的组织，这个组织干什么事情。组织拓展一旦成功，就会为公司做出价值贡献，公司组织就会越来越强大。但组织拓展像业务拓展一样，甚至比业务拓展还困难。业务拓展成败比较容易定义清楚，而组织拓展的成败并不容易界定。即使是华为，也有很多失败的、没有孵化成功的组织，成为公司大树上一个个枯枝。

组织优化就是加强组织做出贡献的能力。长时间演化不成功的组织，找不到作业面的组织，应该把它砍掉，为公司节省成本，为员工解决出路。有一次我和一个客户交流，问他们有多少种业务，他说可能有七八十种。我又问有多少动销的业务？他说不超过二十种。显然，不动销的业务就是创新路上的炮灰，员工在这样的部门是不可能做出贡献的，这种枯枝就应该剪掉，利于公司也利于员工。

华为"铁三角"的故事

由于"铁三角"这个名字易懂、有魔力，在华为光环效应的带动下，"铁三角"这个词非常火。但是，大家对"铁三角"最大的误解是以为它是一种组织结构。在华为的官方材料中，明确地说："'铁三角'不是组织，也不是管理岗位。"

"铁三角"实际上是做大项目时的临时组织方式。国外市场很多小国,其客户一年只采购一两次设备,周期三四个月。平时没有项目时,就靠客户经理维护客户关系,有项目时,就从地区部调人过去,组成"铁三角"。小国聚集区是前方"班长的战争",区域"重装旅"的结构。中国区每个省常年都有大大小小的采购项目,"铁三角"就常年驻扎在一个省,这样"铁三角"与组织就重合了。

电信设备产品的销售具有产品技术性强、需要厂商提供较为专业的售后服务等特征。1993年,华为公司有400人,销售额为1.03亿元,销售组织形成了客服经理(客户关系)、产品经理(技术交流)、服务经理(售后服务)三种主要角色。华为称此为"铁三角",但并不出名。

在国内,华为以服务好著称,但这套服务体系距离国外的要求还有很大距离,因为国外大多数电信运营商不像国内运营商这样强,它们需要更深度的服务。华为在国内的服务主要是售后安装服务,没有搞过全套电信运营解决方案的深度服务,没有这方面的经验是阻碍华为海外市场拓展的一个原因,后来,华为在非洲率先解决了给运营商提供深度服务的问题。在国内销售时,华为是"狼狈"组织,就是前面客户经理加产品行销经理的模式，售后服务主要是为了提高客户满意度的，并不直接参与销售。国外交钥匙工程多，能否很好地提供交付的服务也成为销售的一部分，这就是华为"铁三角"销售组织的由来。下面这部分内容是最早汇报"铁三角"模式的几个人写的公司内部分享文章，这里原汁原味地呈现给大家。

我们为什么会输掉

2006年8月，苏丹的太阳炙热烤人，首都喀土穆的气温快到50摄氏度了，热浪一波一波地袭来，让人感到缺氧眩晕。

在一间像盒子一样的小房间里，十几个男人眼睛红红的。客户经理饶晓波把头深深地埋在手臂里，从嘴里咬出几个字来："为什么？我们为什么会输掉！"

6月，苏丹电信获得毛里塔尼亚的电信运营牌照，准备在那里投资建设一张移动通信网络。华为是收到招标邀请的两家供应商之一。

代表处立即行动起来，冒着酷暑，克服停水停电的影响，披星戴月干了两个月，结果却是另外一家公司独家中标，华为被彻底排斥在外！

"我们几乎没有反应过来。"饶晓波回忆说，"当客户宣布招标结果的那一刻，我们都蒙了！这对我们是一个巨大的打击！哪怕客户给我们一点份额，都说明我们还在！但现在，我们彻底出局了！"

沮丧万分，这群男人把自己关进了房间。在闷热的房间里，大家不停问：我们为什么会输得这么彻底？我们的问题到底出在哪里？到底该怎样解决？

这是真正的原因吗

2004年，彭中阳被派到苏丹组建代表处。华为作为后来者，逆水行舟，队伍只花一年时间就取得了骄人成绩——2005年年底，苏丹代表处成功跻身公司亿元代表处行列。

虽然一切似乎都向着繁荣和美好发展，但此时一些问题也开始显现出来：随着业务增加，部门墙也越来越厚，各个部门管理各成一摊，内耗增大，面对客户深层次的需求开始慢慢变得被动、互相推诿和迟钝！

这一切隐含的问题，等到了2006年某项目上，开始全面显现出来了。客户对华为各部门答复不一致、答复无法实现非常失望，说华为"只会说不会做"！

曾经参与该项目的一位同事说，我们不但输了项目，还输了"人"，很长一段时间，想起这事心里都堵得难受。

喀土穆的热浪仍然一波接一波，代表处的总结也是一拨接一拨，客户线、产品线、交付线等各个部门的同事都在总结反思：

在这个项目中，我们团队沟通不畅，信息不共享；
客户关系也似乎很不到位；
执行产品解决方案不能符合客户要求；
交付能力不能使人满意；
…………

真正的原因到底在哪里

讨论中，大家提到的一些现象，引起了代表处特别的注意。

客户召集网络分析会，我们带了七八个人去，每个人都向客户解释各自领域的问题。客户CTO（首席技术官）大为不悦，当场抱怨："我们要的不是一张数通网，不是一张核心网，更不是一张TK网，我们要的是一张可运营的电信网！"

有一件事让大家记忆深刻。竞争对手在TK站点中设计出太阳能和小油机发电的"光油站点",而我们的方案还是用传统的大油机。这明显是没有充分关注到客户运营成本的压力。

我们客户线的人员本来在与客户的交流中获取了这点信息,但却没有把信息有效传递给产品人员。而产品人员由于受到传统报价模式的影响,总以为客户会给出一套答标,坐失良机。

"诸如此类的小细节被忽视,表面上看是业务量迅速增长、人员新,以及后勤滞后造成人员疲于奔命所带来的影响。"彭中阳说,"但根本的原因,是在于我们的组织与客户的组织不匹配,我们还在按照传统模式运作,客户线不懂交付,交付线不懂客户,产品线只关注报价,都只关注各自的一亩三分地。对于客户的需求,我们更多的是被动响应、以我为主,这样岂有不失败的道理!"

打破楚河汉界

真理越辩越明,代表处认识到,要在苏丹市场重新发展起来,就必须调整自己的组织与客户组织匹配,做厚客户界面是关键。

"首先在代表处强调'业务一盘棋'。"技服出身的彭中阳在也门代表处做主管时就产生了这样的想法,他说:"我们的客户经理一去拜访客户,会习惯先问客户什么时候落单,什么时候签约,容易忽视倾听客户需求。但当我们加入交付、产品,甚至融资回款等视角,我们的关注点就会从'我要做什么'转移到'我能帮你做什么',变被动为主动,更好地去帮助客户成功。"

2006年年底,代表处任命饶晓波、王锷、王海清三人组成客户系统部的核心管理团队。饶晓波统一负责客户关系,王锷统一负责交付,王海清负责产品与解决方案工作,面对客户的时候,实现接口归一化。

在苏丹这样一个条件艰苦的国家,大家从无到有、摸爬滚打,已经逐渐建立了团队文化和情感,再加上制度的牵引,客户经理、产品经理、交付经理等角色很快融合到了一起。他们一同见客户、一同交付、一同办公,甚至一起生活,面对客户的时候不再七嘴八舌,各执一词。不但如此,大家通过融合还逐渐了解对方领域的知识和技能。

经过半年的运作,彭中阳发现代表处的面貌发生了变化,他说:

最典型的就是饶晓波、王锷、王海清三人组成的核心管理团队。在没有饶晓波的情况下，王锷和海清也能把客户关系做好，海清不在的时候晓波和王锷也能把产品工作做好。在和代表处的交流中，客户脸上也出现了久违的笑容，代表处在一些项目上又逐渐取得了优势。

水到渠成"铁三角"

2007年，彭中阳伏案书写给公司领导的工作汇报，再回首三年来苏丹的业务拓展和管理摸索。当他在总结"在关键客户群建立核心管理团队"的经验时，代表处之前经历的客户投诉、内部壁垒、扩张阵痛都在脑际一一闪现，而最终将这些业务发展中的问题解决掉的也正是将客户、产品和交付紧密融合的三角组合模式。

"三人同心，其利断金。"彭中阳感触着它的威力，"就叫'铁三角'吧。"

从此，"铁三角"开始在苏丹代表处流传开来。"铁三角"的运作机制也越来越明晰。

第三章 华为营销组织

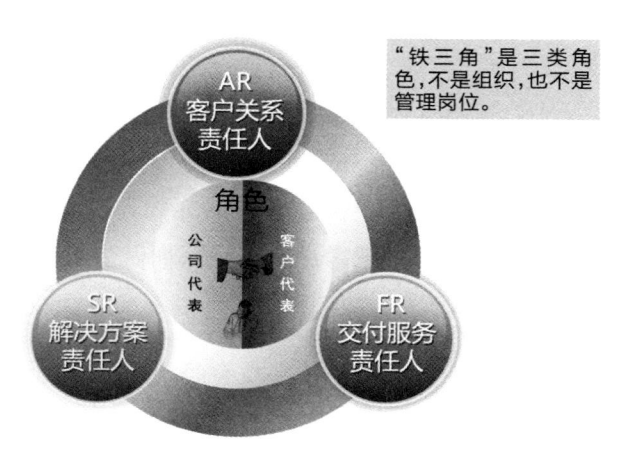

> "铁三角"是三类角色,不是组织,也不是管理岗位。

"铁三角"图示：AR 客户关系责任人、SR 解决方案责任人、FR 交付服务责任人；中心为"角色"，包含公司代表、客户代表。

"铁三角"

在对客户的领导层面，饶晓波、王锷、王海清就是"铁三角"：客户线是饶晓波，大部分时间以他为主心骨，负责把握客户关系的火候，到什么时候该做什么动作，如何在关键时刻发现机会点；识别关键机会点后，王海清负责设计出满足客户价值的解决方案；快要到交付了，就由王锷发挥关键作用。

彭中阳说："不仅仅是针对客户的领导层，针对客户的每一层组织我们都明确提出了'铁三角'的运作模式，最初的点对点被动响应客户，现在已经转变为面到面主动对接客户了。"

随着"铁三角"作战模式的实践和发展成熟，代表处迎来了收获。

2007年，苏丹电信决定在塞内加尔建设一张移动通信网络。"现在是真正检验我们"铁三角"成色的时候了！"饶晓波激动地回忆道。

6月，代表处把客户邀请到深圳做最后的方案交流，现场宣讲完后，全体客户都站起来鼓掌，掌声经久不息。

王海清回忆说："从来没有经历过这样的场景，客户的CEO、CTO，所有到场的CXO、所有的经理，全部站起鼓掌！点头微笑向我们致意！那一刻，我感觉我们的苦没白吃！在那个时候，我们感觉到'铁三角'的威力真正发挥出来了！我们重新站了起来！"

王锷也深有感慨："签约仪式中，我作为交付人员也被邀请参加，而这样的工作以前都是由客户线完成的！大家一起打粮食的那种滋味，真让人欣慰！"

磨砺三年的"铁三角"还在继续发挥着积聚的能量：2009年2月，华为全网搬迁另一厂商的UMTS网络；3月，华为独家拿下苏丹S运营商海外最大子网项目；4月，华为独家签订其全国G网项目……

随着"铁三角"在苏丹代表处的成功运用，北非地区部把这种作战方式在各代表处和关键客户群也进行了推广，成果明显。

以客户为中心,发挥团队作战的优势

始于苏丹的"铁三角",如今已形成星火燎原之势,在公司业务开展的各领域、各环节广泛应用。

"铁三角"成员在面对客户时,他们代表的不仅仅是客户关系、解决方案或者交付,而是代表客户诉求和价值的成长。

2009年1月16日,在公司销服体系奋斗颁奖大会上,全球各地的优秀"铁三角"团队一一登上颁奖台,接受公司授予的荣誉。

作为首先提出"铁三角"概念并付诸实施的主管,对于"铁三角"运作模式的推广和落地,彭中阳有以下一些体会:

首先,"铁三角"成员需要有很好的合作精神,不能吃独食。苏丹管理团队核心成员都很开放,具有团队精神,不贪功。

其次,"铁三角"成员要有良好的服务意识。"铁三角"作为一种面向客户的组织,需要主动积极关注客户面临的挑战和压力，并将其转变为内部的组织行为，要有帮助客户成功的心态。

最后，"铁三角"成员还需要有良好的学习能力。在实战中努力让自己做到一专多能。

展望未来，这种运作模式在各地区部、代表处的推广和实施，彭中阳也保持清醒的认识：

我们希望把"铁三角"当作一种组织价值观去推行，目前主要依靠师父带徒弟的方式，如何将其形成制度和流程，还有一段很长的路要走。而这种制度化的过程又会面临一种矛盾，"铁三角"本来就需要因地制宜，在不同市场、不同文化背景中，"铁三角"的运作模式应该有所不同，不能全盘照抄。如何在种种矛盾中找到平衡，还需要继续探索。

思想上的艰苦奋斗铸就了"铁三角"

北非地区部努力做厚客户界面，以客户经理、解决方案专家、交付专家组成的工作小组，形成面向客户的"铁三角"作战单元，有效地提升了客户的信任，较深地理解了客户需求，之后只需要关注良好有效的交付和及时的回款。

"铁三角"的精髓是为了目标，打破功能壁垒，形成以项目为中心的团队运作模式。

古人云："行成于思而毁于随。"出现在中东北非地区部的"铁三角"运作模式，是一线根据客户实际需求和环境变化，勤于思索、及时调整运作方式的结果，最终赢得了客户。可以说是思想上的艰苦奋斗铸就了"铁三角"。

华为的核心价值观之一就是艰苦奋斗，尤其是思想上的艰苦奋斗。这种思想上的艰苦奋斗体现在殚精竭虑为客户创造价值的任何活动中；体现在时刻保持危机感，不骄不躁；体现在对工作的"高标准、严要求"；体现在日常工作中，不断反问自己：我们的工作还能不能改进？我们的效率还能不能提升？

这种不断地自我提升和修炼的过程，就是思想上的艰苦奋斗。

华为业务开展的各领域、各环节，都会存在"铁三角"，"三角"只是形象说法，四角、五角，甚至更多也是可能的。只要是有利于服务好客户，相关的角色及功能都可以纳入。

2009年，公司各部门都在努力提高人均效益，在这个过程中，只要我们聚焦在以客户为中心，解放思想、开动脑筋，坚持思想上的艰苦奋斗，不断改进，各级组织甚至每个岗位就能找到各种因地制宜的、提升工作效率的好方法、好机制、好工具。

无论处在什么样的环境，思想上的艰苦奋斗始终是华为取得进步的法宝之一。

销售的激励

华为整体上确实没有采用业界通用的底薪加提成制作为销售激励制度，但华为并不反对提成制，在有些业务上也采用过。很多人看到华为激励模式，就把提成制说得一无是处，这是不对的。

激励主要是为了激发员工的主观能动性，主观能动性对于业绩非常重要，尤其是需要员工灵活工作的工种，员工无法完全按照规定的动作完成任务。当商业模式成立的情况下，谁越能激发员工的动力，谁的业务就能做得越好。

任正非曾经说过，公司最重要的事情就是分钱，华为分钱效果好主要是坚持了几条原则，在原则的指导下，产生具体的分配方法。华为分钱的原则可以归纳为：

第一，有利于价值创造。

电信设备销售特别适合团队作战，在组建团队时分配模式上就要导向团队作战。华为同行普遍采取客户经理底薪加提成、产品行销人员固定奖金的分配方式，这种方式就不如华为分配方式合理。华为同行模式下客户经理压力大干劲足，但产品行销人员就是完成例行工作。有很多行业个体就可以完成销售，这时底薪加提成方式就是简单有效的方式。

第二，拉开差距，保持均衡合理。

吃大锅饭不利于调动员工积极性，所以很多人强调华为拉开差距的一面。实际上，光强调拉开差距是不对的，相当多的公司员工收入差距比华为大得多，员工积极性却不足，因为分配方式不合理，有的公司骨干销售人员的收入远大于产品研发人员，调动了顶级销售的积极性，却打击了研发人员的积极性。均衡合理是设计激励方式的一个重要目标。

很多公司因为分配过于不合理，影响了公司的战斗力。

不合理主要有两个方面：第一，不同体系的失衡，如有部分销售人员拿得太多，研发部门拿得太少，时间长了，产品后劲就会不足。第二，在团队中分配失衡，有人拿得太多，有人拿得太少，队伍就会涣散。

第三，奖励劳动成果，消灭运气成分。

销售是偶然性比较大的工作，简单的提成制容易导向运气主导，这样就不能激发员工的积极性。公司有容易销售的产品，有不容易销售的产品。有容易销售产品的区域，也有需要"洗盐碱地"的空白市场。分钱时必须兼顾到这些问题，这样才能奖励劳动成果，贯彻公司战略，做到比较公平。

有一家和华为类似的企业，也做电信设备，他们采取的就是简单的奖金提成制。由于订单特别大，有时一个销售员运气好，能直接提成几百万元。但这样的订单并非是销售员做出了多么大的贡献，而是很多因素促成的。比如中国电信采购设备项目，经过各种权衡，把广东项目给了A公司，把广西项目给了B公司，A公司广东的销售人员就可能获得数百万元的提成，广西的销售人员就一无所有。大多数情况下，这么大的订单项目都是团队作战、老板关系等各种因素促成的，按照提成制的约定，给个别人特别高的奖金，其他人只能喝点汤，容易造成分配失衡，一定会使团队作战能力下降。

第四，做不到绝对公平。

华为分配模式导向公平，但承认做不到绝对公平，并且让员工接受无法做到绝对公平的现实。一个人可能暂时被委屈了，埋没了，但要耐得住寂寞，奋发图强，公司主张从泥坑里爬出来的人是圣人。

管理最有效的手段就是考核、奖惩。考核就是一个指挥棒，想干啥就考啥。

销售结果都会以客观的数据体现，销售工作出成果的时间也比较短，这样一来，销售在每个公司都是最容易客观考核的。如果销售激励都做不好，其他工种的激励更做不好。

考核还有一个重要原则就是——不容易考核的工作要依附于容易考核的工作来做，这是华为一个比较具体有用的经验。比如研发是不容易考核的，研发工作见效慢，不太容易评价工作成果，有效的考核办法是研发产品要根据市场销售情况作为主考核指标。在产品没有上市前，研发考核进度情况，考虑到研发产品见效延时比较长，则可以日后追溯，给予特别的奖励。

激励之前，先做到目标可行

重赏之下必有勇夫，前提是销售具有可行性——"徙木立信"的前提是这块木头要能搬得动。很多公司开拓新业务，都想通过重赏之下必有勇夫的方式打开局面，但大多数情况下这是不可能如愿的。用重赏的方式，发挥群众的力量去开拓市场，这种做法可以试试，却不能指望这种策略会有效，因为这其实就是有枣一杆子、没枣一棍子，碰运气而已。当然，即使像华为这么大的、这么成熟的公司，有时也用重赏的方式激励一线人员想办法打开市场，去碰碰运气，只是通常是打不开市场的，没有用。只有当方法被证明是可行的，重赏的作用才会很大。

华为早期开拓海外市场非常困难，好几年都拿不到订单，华为还是坚定不移地给去海外的员工优厚待遇和升迁机会，前赴后继的人不断地攻打市场，终有所成。因为华为销售方法在国内被证明是有效的，而电信运营商的需求和采购模式是大同小异的，国内有效的方法在国外也会有效。华为在总结自己商业实践时说华为洞察到："产品相对标准化、代际变化相对缓慢；客户群体相对集中、具有相似性；商业模式比较稳定。"这些都是华为可以做到全球化的重要条件。

第三章 华为营销组织

在落实了商品可以销售,且销售方法可行的情况下,应该先研究出最佳的销售方法,找到通向罗马最短的路,然后再考虑激励制度的设计。

衡量激励方式是不是好,主要看激励方式是否能最大限度地解放生产力。解放生产力的关键要素则是制定匹配行业特点的销售模式、组织结构。

电信设备是一种典型的需要人员深度推销的产品,中国最早的电信设备都是采购国外设备厂商的,他们普遍采用的销售激励策略就是底薪加提成的方式,由于薪酬高、激励猛,外企招到的销售人员能力强、关系硬,所以都通过搞定关键客户的方式获取订单,效率非常高。华为根据自己的特点,采取了一种"人民战争"的方式去销售,即销售员不拿提成,最早期的激励方式由老板确定,设备销售能赚到钱了,老板也不自私,会拿出利润来进行激励,所以大家都分得很多,干劲十足。

华为最早期的分配方式其实就是老板说了算,当时大家的工资、奖金并不透明——华为公司有一个规定就是不许透露自己的收入,也不能打听别人的收入。因为人容易产生比较心,而且绝大多数情况都会认为自己拿到的少,其他人分到的多,因此透明与否,各有各的好处和缺点。

激励方式的设计总体上一定要坚持客观公平性,就是贡献和收入的相关性要适当。

深刻理解行业特点

电信设备销售周期非常长,有时要好多年才能攻入一个市场,即使是国内市场,有些攻了七八年才真正实现销售。这样的行业里,单纯地考核销售额、销售利润是不合适的。很多订单都是好多代人努力的结果,考核只导向摘桃子的,就没有人种树,没有人施肥,会影响将来的产量。华为的考核、激励就兼顾了这些特点,考核通常由三个大项构成:

财务指标:销售额、利润、回款;
市场目标:新产品突破、战略高地、格局、客户满意度;
内部管理:故障率、关键员工离职率。

销售激励不当在多数情况下是管理者懒惰、考核机制粗枝大叶导致的。分配模式是否与真实贡献匹配是能看出来的,看出来就要去改正,短期内激励方式的差别对销售业绩影响不是很大。但长期来看,激励是最关键的管理方法。任正非曾自问华为的分配模式合不合理，他说，你要用曹冲称象的标准衡量，华为的分配就是合理的；你要是用天平去称，华为的分配方式就是不合理的。

并不是所有行业都适合团队作战，有些行业个人推销即可，比如地推销售方式。阿里最早的业务模式并不靠谱，为了活命，发明了面对小微企业的地推模式，同时阿里采取了提成制作为激励方式，但领导者要根据团队业绩的完成情况提成，给每个人每个月制定销售目标，每天都总结经验、分享经验，先进带后进，很快大家都掌握了促成成交的方法。华为和阿里是两家成功的企业，销售能力都非常强悍。它们又有不同的特点，华为早期进入的是一个订单量巨大、利润丰厚的行业；阿里早期的业务根本没有市场需求，销售形同讨饭，每个销售员每月只能销售几万元钱。华为所在的行业适合团队作战，阿里面向众多的小微企业，适合个人地推。迄今两个公司仍然保留着初期的特点，现在两个公司在云计算、大数据、办公软件等领域有了交集与竞争，但各自还是在自己擅长的销售方式上表现突出，华为擅长抢大项目，阿里擅长小微企业的渗透，华为陆军能力强悍，阿里空军凶猛。

制定合理的目标

华为销售制度采取目标制奖励法,公司年初给每个销售单元制定一个目标,目标考虑到市场和产品销售的难易程度。公司将市场由难到易分成空白市场、成长市场、成熟市场。空白市场的目标可能仅仅是突破,甚至赠送给客户一些产品安装到对方网络上就是成功,成熟市场则要根据往年的情况以及当年的建设情况,制定一个比较高的销售目标。

随着华为公司品牌影响力的增加,空白市场也有可能带量突破,销售单元突然就签了一个大单。就是说计划不可能完全准确,但要力求准确,因为做计划、分析市场也是销售的一个重要组成部分。

产品也按销售难易程度划分。这样销售人员不管在哪里,销售什么产品,要完成任务都有相似的难度,不可能使其躺赢,也不会让员工背负不可能完成的任务致使他们直接放弃。假如采取提成制,也要兼顾这些公平要素,就要给每种产品、每个市场制定不同的奖金系数,事情反而变得很复杂。

销售的激励方式都有随行就市的特点,这就意味着不同公司的销售方式、激励方式不需要完全创新,因为完全创新往往漏洞很多，考虑不周全，而行业形成的方法则是经过自然选择的，比较具有可行性。但要想做得好，仅仅随行就市不行，还需要更精细化，进行一些调整和创新，并且是在主干稳定的情况下，细枝末节要经常调整，以符合实际情况。例如，销售电信设备在空白市场和成熟市场上难度完全不同，考核方式必须考虑到市场的难易程度，每年做出合适的调整，才切合实际。

销售激励的具体方法

《华为基本法》里面讲，华为可分配的价值，主要为组织权力和经济利益；其分配形式是：机会、职权、工资、奖金、安全退休金、医疗保障、股权、红利，以及其他人事待遇。

最基础层次的激励分成两块：组织权力和经济利益。组织权力就是让谁当官，把机会给谁的问题；经济利益包括薪酬、奖金和股票。让谁当官主要考察两个指标，第一是业绩，第二是关键行为。业绩是客观的、实打实证明谁能干，关键行为就是看这个员工适不适合当领导。在企业组织中，当官除了满足人性需求之外，本身就意味着长远的经济利益。

在经济利益分配中，薪酬、股票、奖金都和级别挂钩，而级别则是立功积累加上一定成分的年功序列制。尤其是薪酬和股票都与级别强相关。如果没有这些基本面形成的秩序，大公司是没有办法稳定分钱的，华为也不例外。

和业绩强相关的分配项就是奖金，华为奖金数量相当可观，对于销售一线而言，奖金数量超过全年薪酬是常有的现象。公司采用层层分解的方式分配奖金，先确定最上层的研发体系、销售体系、财经体系、人力资源体系各多少奖金，这个奖金会保持在向销售和研发倾斜的情况下大体均衡。销售奖金再分配到区域，根据组织考核KPI（关键绩效指标）进行排队，不同的完成情况有不同的系数。奖金分配到代表处之后，再最终根据个人的PBC[①]考评分配到每个人。如果有重大项目取得很大成果，也会发一笔比较多的临时项目奖励鼓舞士气。

[①] PBC（Personal Business Commitment）是个人业务承诺，是指员工需要给自己定立一个考核目标，并实现考核规划的行为。是一种为了促进员工更好完成任务的手段，通过这种方式，员工会更投入工作，从而更高效地完成目标。PBC对员工在执行过程会进行监督和考核，除对业绩的考核之外，还增加了个人发展目标。PBC一般包括结果目标承诺、执行措施承诺、团队合作承诺。其中制定执行承诺的主要目的在于让上下级就结果目标达成的关键措施进行认真分析，将一些风险、外部障碍尽量考虑到，从而使得上下双方做到心中有数。

公司认为销售压力巨大,是最直接的价值创造部门,因此一线作战人员奖金非常高,尤其对于取得卓越成果的项目组和个人,这样一来,就体现出对销售贡献的激励效果。销售部门KPI的设计考虑到财务指标、关键行为、战略目标、团队成长等。成熟度越高的市场财务指标所占的比例越低,因为越成熟的市场订单越依赖于公司的背景。公司尽管考虑得很细致,但也不要过分细致,太细过犹不及,达到"曹冲称象"的水平即可。

学习型组织

华为拓展海外市场时,中国在国际上的影响力远没有现在大。2000年,中国GDP首次突破10万亿人民币,排在世界第六,比美国GDP的十分之一多一点。考虑到后发展国家的品牌滞后效应,华为对海外公司销售高科技设备,难度之大可以想象。

在一个南美国家,华为拓展了三年都无法见到该国一家电信运营商的主要领导,于是华为抓住了一个外交场合的机会,见到了这家电信运营商的CEO,但对方说中国不是一个农业国家吗,怎么可能卖电信设备?

公司怎么解决这样的问题？

客户经理想到请客户到中国看看中国到底是不是一个农业国。高层请不动就请基层员工，客户不愿意来就给客户看有关中国的宣传片、给客户送资料、不断让客户看有关中国的光盘。客户来到中国之后，华为接待客户系统很专业，会根据海外客户情况定制各种接待项目，华为通过接待一个客户，扭转一点在对方心中的印象，很快客户就改变了对中国的看法，也改变了对华为的看法。

在这期间，华为优化了接待国外客户参访的流程，在上海、北京、广州、深圳、香港等地都设置了接待国外客户的样板点。前方的客户经理只要把客户请到中国来，后端接待流程就可以确保客户满意。公司把动员海外客户到中国参访这个流程叫作"新丝绸之路"，总结了一套"先销售国，再销售公司，后销售产品"的打法，非常有效。

销售是一个冲上去发现问题解决问题的过程。华为通过自我学习，向同行学习，向顾问学习等方式迅速提升销售能力。

销售是非常具体的、实践性极强的活动。在销售过程中，要深入洞察客户需求，解除一个个客户抗拒点，排除一个个障碍，绕过一个个陷阱。而解决这些问题需要销售人员的经验和作战能力，更需要把共性问题总结成成熟的套路，让销售人员的工作有方向性、步骤上的指导。

很多销售的套路，写出来可能只有那么一点点培训材料，但组织真正执行起来并要把这些方法落实下去，是比较难的，需要坚强的组织意志推动。

例如，像爱立信的按站点交付原理，我们用几百字就写清楚了，但华为却用了将近三年时间才捋顺这件事。这是因为使用这种交付方式，首先，销售一线服务工程师的工程勘测计划能力要全面提升，但让很多服务工程师能够对每个站点做详细设计不是那么容易的。其次，从填写订单到后端供应链流程都要改，运输环节也要调整，而把这些都运作熟练以适合不同国家、不同区域的情况，也需要很长时间的磨合。

所有优秀的公司都是善于学习的公司，要经过很多的实践才有可能总结出一点点有用的经验。爱立信是怎么发明"按站点交货"的？很可能他们以前也遇到了和华为类似的问题，交付总是非常困难，于是某个区域的销售人员琢磨出这套方法，并从一个不太复杂的场景交付中取得了成绩，这逐渐就成为爱立信的成熟方法。

总结经验必然是一个压缩事实的过程，华为这么多年，能总结出来的销售套路也不是特别多,而且听起来也不神奇,但熟练运用这些套路就会产生结果。德鲁克在评价泰勒的四步工作法时说:"泰勒的方法听起来没有什么了不起的——有效的方法常常如此。其实这套方法花了泰勒整整20年的时间去试验,才整理发展出来。"泰勒的《科学管理原理》是一本只有五六万字的小册子,却是一本改变世界的书。

学习必然是解压缩、放大、细化的过程。"新丝绸之路""按站点交付""铁三角"都不复杂,只要稍加解释就清楚是什么意思了,关键是如何将其细化到真能执行,细化到动作和步骤,使其有办法操作,有办法评价。

向同行中优秀的公司学习和总结是特别重要的,但是一般的公司对标同行会停留在表面,深入不下去,这样就掌握不了精髓,操作环节一打折扣,最终的效果就差得很远。

大多数公司都说自己的执行力不强,但强化执行力的方法必须多管齐下。执行力强的公司肯定是上面有想法、下面有办法的公司,而且从最高层就塑造注重实践的执行文化。在华为,销售不单是市场人员的事,更是全公司的事,怎么落实"一线呼唤炮火,全公司支持作战",就是许多部门都要亲临市场，去看看生意到底是怎么做成的，了解怎样理解客户需求，怎样满足客户需求。

公司顶层只需要知道业务的主体发展方向，并且知道怎么去抓落实就行，并不需要知道细节，当然也不可能有那么多精力知晓细节。华为当年引进的第一个大型变革项目集成系统开发（IPD），由任正非亲自大力推广，后者用了各种办法消除阻力去实施。他认为不搞这个东西，组织研发产品就很困难，而产品研发是当时的主要矛盾。即使在推行过程中确实出现了一些问题，老板也坚持搞IPD，并提出"削足适履""穿上红舞鞋""先僵化、再优化、后固化"等很多原则，以平息在项目实施中的争议。

任正非本人并不怎么懂IPD的具体内容，在一次接待客户时，华为一位高级副总裁说："任总并不懂这个IPD变革，他就懂这三个英文字母IPD是啥意思，IPD怎么搞，他不知道。"这也是华为特点，下属可以说领导的不是，不会假装把领导奉为神明，但领导的决策下属必须要去执行。

理念如何转换成具体的行动？认知如何指导实践？华为的做法是：

一、不断地强调要推行的核心理念。强调到人人都知道的程度。

二、下级部门要有办法落实公司的指示。例如，2010年11月的海南三亚会议已经定下华为手机业务要面向最终消费者，等于高层已经在资源上松绑，那么怎么组织人马、调动资源，去洞察、去实现消费者的需求，就要手机部门自己去想办法了。

三、先建试验田。推行账实相符、按站点交货、"班长的战争""重装旅"等改革项目时，都是先集中优势兵力在一两个地区做好试点，把细节搞透，排除地雷、难点，把一个地方搞清楚了，再搞其他地方就容易多了。

四、树立榜样，惩戒落后。大多数政策措施落实不了都是有理由的，其中一个最关键的原因是不能让落实者立即看到效果，执行者就不积极。带海外客户参观中国并不能很快签单，动员好几拨人来中国参观考察，花钱花精力，看到效果也要很久；在产品研发上下功夫，把产品质量搞上去了，消费者也未必就买单。但如果认为方向是正确的，公司就要求坚定地推行。公司要倡导一种行为，就要树立榜样，让大家知道是怎么回事。公司要求员工要有打工心态，意思是让你干啥你就要把它干好，员工漫无边际地推演各种策略的优劣，只会带来混乱和止步不前。

五、领导亲临一线督战。大多数情况下，并不是公司高层一指示，基层组织就会迅速行动，所以为了落实执行情况，公司领导要到一线去了解、检查落实情况，看看有什么不切实际的地方需要修正，有什么障碍需要排除。华为在落实销售大流程LTC（线索到现金）时，遇到很多实际问题，比如确定一个合同的环节过多，每一份合同都要让客户方盖13个章，而且还要让销售人员填写许多表格、文档，执行起来确实有困难，于是，领导派出工作组调研，然后研究修正方案。

六、团队作战，分享经验。销售工作不是完全能够计划的，比如公司要推广一种新产品、一种新业务，一般很多地方都会同时推广，而各地的销售人员有不同的创造性推广活动，但只要有一种办法获得了成功，就应该复制、推广这种办法。电信设备销售周期长、项目金额大，给新手操作有可能浪费机会，所以华为采取团队作战，新老搭配，既确保项目的成功率，也锻炼了队伍。如果是单兵作战的地推业务，可以通过分享经验，通过有经验的人示范，让其他人掌握销售的基本套路和技巧。阿里早期的地推人员把这个方法总结成"我说给你听，我做给你看"。

七、人员调动。中国政府在多年来一直采取通过干部调动的方法，把先进地区的发展经验带到落后地区，效果很好。公司也应该是这样的。阿里和华为都采取了不断调动干部和骨干的方式，带动一个个区域的销售。销售和生产线不同之处是销售的对象是多变的人，而不是不变的物，这就注定了流程、套路不可能像生产线一样操作，销售中必然有很多灵活性和创造性，个人天赋在销售中的作用经常是很大的。在销售工作中，技能的成分大于知识成分，知识比较容易通过培训掌握，比如有关产品特性的知识，而技能主要靠实操掌握。有成功经验的人带领团队，比独自摸索进步要快得多。

学习型组织是华为最根本的竞争力，这也是华为能够不断适应新形势，甚至跨越不同行业的核心秘密。一个公司的成长，在小公司时期主要靠斗志和具体的办法，到了一定的体量，就逐渐靠流程、势能和惯性运作。流程和惯性是公司丧失学习能力的主要原因。当环境变化或者进入一个新领域，原来的流程和惯性就会遇到巨大的阻力，公司发展的动力被阻力遏制，就使得公司无法再继续前进。

学习型组织能够打破这种惯性，建立新的适应性。任正非对此的总结是大乱之后大治，大治之后再大乱，不断在革新中、在否定自己中前进。这值得每个公司学习。

第四章

华为营销方法

绝大多数员工每天都要做具体的事情，在销售线要去策划项目、拜访客户、呼唤销售支持资源等，还要通过开会沟通情况、调整策略、解决团体有效配合的问题。销售也必须发明一系列具体方法，每种方法都是通向成功链条上的一个环节，华为在营销实践中发明了丰富的武器库，既有核弹也有冲锋枪和匕首。其他公司可以从这些方法中得到启发和借鉴，总结、发明自己的营销武器。

有用的方法和工具对销售的影响极大，众所周知的一个例子就是，电商的兴起已经改变了绝大多数2C行业的命运。电商未能成功地延伸到2B行业，2B行业主要还是通过人员推销实现销售。每个行业、每个公司都有自己的一些做法，这些做法不像电商那么通用。华为销售方法主要有两点，第一，解决某一类问题时发明的方法，例如"样板点""新丝绸之路"等。第二，将行业通用的方法做到极致，如邀请客户参访公司、参加行业展览会等。做到极致就是赢，销售是一种竞争活动，同样的事，你做得比对手好，得分就高一些，总分最高的就被客户录取了。

从实践到行家

南美洲有一种切叶蚁，以习惯把树叶切片后运输得名，这种切叶蚁竟然发展出了相关农业——因为它们会让特定的树叶腐烂，以便使其长出它们爱吃的蘑菇。但蚂蚁的脑子太小了，它们绝对不可能想象出种蘑菇的因果关系，这些行为只是写进它们基因序列的本能。人类大脑发达得多，他们会解释各种各样的因果，但在自然科学之外，这种解释能力被高估了。销售、购买的道理很多都是不能解释透的，只要这样做能产生结果即可。假设有一种更智慧的生物看人类的销售行为，可能就像我们看切叶蚁种蘑菇，因为销售大多数套路是摸索出来，不是推理出来的。余承东也说不清楚华为手机为何这样畅销。

这就是营销的实践性，商业中的大多数事情无法完全说清楚因果关系。

世界那么多种商品、那么多个行业，都通过各种方法把产品销售给顾客，每种商品的销售方法都是人们摸索出来的，但能够说清楚方法背后原理的是少数。当然即便如此，丘吉尔说："我们都是虫子，但我确信我是一只萤火虫。"意思是我们要比普通的虫子强一点点，有点方向感，懂一些因果关系还是很重要的。

有不少销售人员在某家公司销售干得挺好，换一家公司或者换一个行业就会找不到感觉，找不到销售的门道，主要原因就是不理解产品的销售属性。从实践中认识行业很重要，从道理中认识行业也很重要。

华为销售管理方法到底有没有通用性？华为自身的实践给出了部分答案。它解决了大型企业的一个普遍难题——跨行业扩张问题。

2011年，华为决定在电信设备之外，再开拓两个主航道，一个是手机终端，一个是企业网络设备。当时大多数人认为企业网络设备成功的可能性更大，因为表面上企业网络设备也属于通信设备，也是2B销售模式，和电信设备行业相似度更大。对手机航道普遍比较悲观，除了其与华为销售的电信设备差异大之外，更有摩托罗拉、爱立信、西门子、阿尔卡特等诸多失败案例像大石头一样，压在华为人心上。

但后来的发展，完全出乎人们预料。手机业务用了7年时间销售额就超过了华为做了30年的电信设备业务，而企业网络设备业务只有小成功。

除了手机终端和企业网络设备，近几年，华为业务又成功地扩张到能源、云计算服务，还进入了规模巨大的电动汽车行业，目前也有了成功迹象。

华为是如何做到跨行业成功的？

底层逻辑一致

千行百业都有相同或者相似的底层逻辑，这些底层逻辑主要包括：

决策模式。深圳坂田华为基地由八个院子组成，院子外面是公共交通道路，但这些路都是华为建设园区基地时修建的，也是华为命名的。最中间的一条主干道叫稼先路，两侧分别是隆平路和贝尔路，还有冲之大道和居里夫人大道等。

华为并没有解释为什么用中外科学家的名字命名道路，从华为发展历史看，相信科技、追求科学的思维模式已经融入华为血液。

前面，我说管理最基础、最重要的部分就像盖平房——不需要工程图纸和力学计算。但这并不意味着最基础的管理思想都是因人而异，随性而定的。

管理中一系列的决策特别重要，赫伯特·西蒙干脆说管理就是做决策。做出正确的决策有没有原则可循？华为的原则就是基本法中提出的"民主决策，权威管理"。理解、贯彻这八个字非常困难，华为摸索了很多年，有一定的经验和成熟度。

《华为基本法》出台前夕，任正非在一次讲话中说："公司成立前10年基本上是独裁式的管理，办公会议时多时少，这样的管理体系越来越不适合公司的发展了。建立委员会制，实行民主化决策，能有效克服领导者个人的人性弱点，集体授权，多个人议权会比一个人要准确、全面，工作有效性就大大提高了。"

实施"民主决策，权威管理"的具体办法大体上是公司最高层要有战略委员会、人力资源委员会、财经委员会，分管事、人、财。举一个简单的例子，华为如何将激励原则落实成具体的操作规则？因为落实过程过于复杂，必须要有一些懂各种具体业务价值贡献的人才能落实得细致，并且根据公司情况不断调整。

华为一直主张让"听得见炮声"的人决策，余承东如果没有相当大的自主权，就很难根据他理解的手机行业做出决策。

公司权力分配模式一般容易走向统制或者分制两种较为极端的模式。统制模式的缺点是不灵活，人的精力有限，不可能理解这么多的业务。分制模式的缺点则是不受约束，缺乏资源，一个个新业务事业部就像一个个创业公司，成功概率较小。

华为决策模式比较好地解决了"一统就死，一放就乱"的古老问题。

分配模式。在组织权力分配上，能够遴选出一些真正能征善战、有领导力的人成为"火车头"；在钱财分配上，比较好地实现了创造价值和分配价值的统一。

华为独特的分配模式比较好地长期鼓舞了员工的斗志，使早来的无法躺在功劳簿上睡觉，晚来的仍有建功立业的机会。这样就持久地调动了人的主观能动性。

执行模式。流程化、规范化、模板化、标准化的思想，可以比较好地指挥集团军作战。责任结果导向的考核模式，将千军万马都改造成了能够落实执行决策的艰苦奋斗的战士。

操作方法按照行规来

往简单了说，进入一个新行业把几个主要方面的问题解决了即可成功。比如，华为要想把新能源汽车做成功，就要做到产品符合用户需求，有竞争力；会炒作，能够通过营销制造势能；会管理销售渠道，调动渠道积极性，使其不出问题。

华为解决这些具体问题的办法就是"按行规来"。

每个行业都有无数公司披荆斩棘，它们摸索出来的营销方式都是有道理的，尽管这个道理可能说不清楚，但是一定要默认它是有道理的。

存在即合理，这句话不是白说的，所以后来者应该先学会此前的成功方式，再通过实践慢慢调整，摸索出自己的销售方式。

很多企业都没有深入对标、研究同行的习惯，这是一种极大的浪费。

先学会，再做精；先模仿，后超越。企业在营销领域做得细、做得深，就有可能超越同行。华为就有一种先按着行规来，然后深化、细化，最后超越同行的能力，所以我总结华为学谁谁死。举个例子，华为起初也不会做手机的线上销售，不过一旦做了，华为就不断学习、改进方法，很快就成了行家。

华为一位高管的微博是这样写的："2016年，中国区写的渠道下沉材料，给大家分享一下，我挺感慨的。当时OPPO和vivo在线下市场疯长，大家都看到了，写这么一份分析材料不难，难的是他们分析完以后就照着去做了，一步一步磕磕碰碰，真的走下去了。做渠道没什么秘诀，就是两腿粘泥。"

适配自己和环境

华为进入一个行业，在学会行业做法之后，总能结合自己的特点发明一些适配自己的方法。

小米是线上销售手机模式的开创者，因此，小米也享受创新者利益，各方到处都拿小米做案例进行传播，小米因此省下了很大一笔广告费，通过先发优势还积累了巨大的势能，收割了第一批粉丝。华为荣耀作为学习者就不会有这些条件，但它可以更合理地规划产品，利用华为独特的优势，不断积累，也可以走出自己的路。

华为早期学阿尔卡特、爱立信等同行，也走出了与后者不同的路。

OPPO和vivo以渠道销售能力强著称，它们通过渠道持股的模式形成利益共同体。虽然华为不可能让渠道持有股份，但这并非关键障碍，只要华为让渠道赚到合理利润，彼此形成互惠互利的关系，华为渠道的忠诚度就会比OPPO和vivo还高。

客户关系管理

2B业务销售有很多办法，因为能找到销售对象，可以用各种办法影响买方决策，不像2C产品，"老虎吃天无处下口"。不管简单的还是复杂的项目，最终都是人来决定的，所以在2B业务中，客户关系是非常重要的。

"用户选择我不选择你，就是核心竞争力""干部要做的三件事就是布阵、点兵、请客户吃饭"，这都是华为很多人熟悉的任正非语录。华为和许多销售强悍的公司一样，非常重视客户关系。前文说客户关系是华为销售总结的四大关键要素之一，实际上对销售人员而言，客户关系是最重要的要素。尽管解决方案重要性更高，但解决方案主要是占公司员工总数接近一半的产品研发人员负责的，它包括研制解决方案和推销解决方案两部分，前者投入巨大。

为了做好客户关系，公司有一整套指导思想、方法、步骤安排，销售人员只要按着步骤去做，客户关系基本上会得到维护和提升。公司还总结出了一些案例，供学习、培训。

做好客户关系首先要摆正客户关系的位置,客户关系在战术层面重要,但在战略层面,客户利益更重要。为了夺取项目,客户要帮助你,但你也要帮助客户做出好成绩,这样的客户关系就会越用越厚,就是所谓的双赢。许多靠关系生存的公司就没有认清这个问题,靠关系起步,却不思进取,不改进产品和服务质量,于是关系越做越损,公司就很难成长。

前面我们已经说过,华为从创办起,销售部门就有个规矩,不让当地人在当地做生意,和客户打交道的主要人员要不断轮换地点,以防止工作懈怠、山头主义、组织板结等问题。这种做法还为了让客户关系留在公司手里,而不是在某个人的手里,这样公司品牌力就能逐渐提升。

- 从关键客户关系切入
- 扩散到普遍客户关系
- 那么,如何建立组织客户关系?

市场目标
销售目标
竞争目标

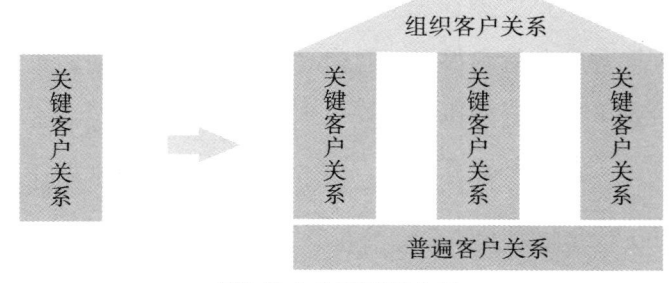

组织客户关系

关键客户关系 → 关键客户关系 | 关键客户关系 | 关键客户关系

普遍客户关系

华为客户关系管理大厦

客户关系管理大厦模型是华为做客户关系的灯塔，华为将客户关系分成三个层次，重点瞄准关键客户关系切入，做好普遍客户关系，最后目标是形成组织级的客户关系。

关键客户关系就是在购买决策链中起关键作用的人，比如要想得到一个具体的订单，必须要获得客户采购决策人的支持。

普遍客户关系指客户中的基层客户关系。任正非在一次讲话中说："每一个客户经理、产品经理每周要与客户保持不少于5次的沟通，当然，还要注意有效提高沟通的质量。我们一再告诫大家，要重视普遍客户关系，这也是我们的一个竞争优势。普遍客户关系这个问题，是对所有部门的要求。坚持普遍客户原则就是见谁都好，不要认为对方仅是局方的一个运维工程师就不做维护、不介绍产品，这也是一票呀。"电信设备是运营商的关键资产，采购决策层次高，所以，表面上运营商的采购决策是少数人做的，但决策背后会受到很多部门的影响和制约。华为的重量级竞争对手为了见效快、降低成本，主要就是做关键客户关系。华为则很重视普遍客户关系，广泛的群众基础让华为获得了很多信息和机会，通过各种途径影响客户采购决策，逐渐蚕食掉竞争对手的市场。

组织级的客户关系是指公司与公司之间基于战略的合作关系。除了卖货做好服务之外，华为还通过很多活动，系统化构建战略价值运营商的组织客户关系，持续提升华为设备在运营商的销售规模、市场份额、盈利能力及竞争格局。

列举一些提升组织级客户关系的活动：战略解码及战略匹配计划；高层互访机制、高层管理团队定期年会机制（每年1～2次）；核心高管层面的沟通顺畅度、频度及对公司的认同度；高层资助制度下的各专业工作组定期例会（如路标研讨等）；实质性的战略合作协议。

在激烈竞争、供应过剩的情况下，随波逐流的销售方式不可能很成功。上层有战略、规划，中层有流程、步骤，操作层有具体方法，销售成功的可能性才更大。顶层策略就是对市场规律、市场规则的洞察，抓住主航道，设计好商业模式、组织结构；中层抓流程、套路实施，发明套路的机会不是非常多，遵守流程上规定的方法、动作，产出结果才可控，这是公司经营多年熟悉的、被证明有效的方法；基层就是要落实每个动作，比如做好普遍客户关系、关键客户关系、组织级的客户关系，这些目标要靠一个个动作来实现。

"为什么要建设IT？道路设计时要博士生，炼钢制轨要硕士生，铺路要本科生。但是道路修好了扳岔道就不要这么高的学历了，否则谁也坐不起这列火车。"任正非说。把建设IT换成抓流程、搞营销套路也可以，有成熟的套路，按着这个方法做，成交的可能性就比较大了。大公司都是通过流程化、套路化实现可控性和规模化，降低对员工的要求。通过分工、专门化提高效率，与亚当·斯密200多年前发现"劳动分工提升生产效率"的道理是一样的。

"一五一工程"

德鲁克认为，因为泰勒和福特，人类体力劳动的效率估计提高了50倍。但德鲁克也说，科学管理并没有解决脑力劳动的生产效率问题，而我们现在所从事的工作大多数是脑力劳动。他说，脑力劳动者或者知识工人的生产效率在20世纪不仅没有改善，反而还下降了，这将是21世纪管理学最重大的问题之一。

与体力劳动的流水线相比，智力工作的流程没有流水线那么有效，但也只能通过"流水线"的方式提高效率。智力工作的流程无法像机器流水线一样购买、安装，要自己"建造",但自己建造的流程往往有很多缺陷,谁的流程更好也成为大公司之间竞争的一个要素。

自古真情留不住,偏偏套路得人心。

销售也可以通过建造流程,优化流程提升效率。但对销售来说,最好使的还是招法,而不是流程,有招胜无招。大家都会的招儿,就要做到最好,客户是通过比较来选择供货商的。比如大家都参加展览会、都接待客户,让客户给你加分的方法就是把这些环节做得比竞争对手好。前面我们提到过,饱和攻击首先就是要比对手投入大,如人数更多、营销费用更多,集中火力砸开一个口子;投入资源之后,要有足够有效的事情去干,这是饱和攻击的第二个关键——招法要多;第三个关键要素则是招法要做得好,做得细。

"一五一工程"是华为销售电信设备最基本、最小的一个流程,具体意思是:一支队伍,一个资料库,五种销售动作。五种动作分别是:参观公司、参观样板点、现场会、技术交流、高层拜访(经营管理研讨会)。

表面上看,这些方法也很普通,其他公司也很容易做到,但在细节上其他公司很难做到华为这么好,客户一比较,高下立判。

公司有很多销售套路，让销售人员有正确的事情可做，不至于找不到合适的事情去推动销售。按照公司要求的套路做下去，销售人员就会增加和客户接触的机会，一步一步排除客户的顾虑，让客户相信你。

因为销售的本质是通过信息传播价值建立信任，这个价值包括你的产品价值，方案是否具有可行性、经济性、性价比等。举办活动创造与顾客更多的接触点，才能够传播价值。同时，在接触点上，只有做到信息饱满、比竞争者更有优势，传播的价值才会打动客户。"一五一工程"是华为在2000年左右总结出来的，是华为比较早的时候就采用的一套流程方法，由于做得非常好，成为一种很有效的销售套路。

一支队伍

销售队伍是前线作战部队，后方有很强大的后勤保障系统。销售队伍将客户请到公司，填好"电子流"（当年是工作联络单），有关部门就会把接待工作安排得井井有条，在接待客人时需要什么人陪同，需要做什么交流，即便涉及不同的部门，也都会很快安排妥当。

尽管华为产品特别多，与客户接触则是保持单一的界面。华为很注重销售平台的统一性，不管卖多少产品，都是一个销售平台（在运营商BG）。

一个资料库

华为创业早期，互联网远不像今天这样发达，纸质资料是公司常备资料。销售部门、销售人员都有一些常备资料，如用于和客户做技术交流的主打PPT、印刷的成功案例、新测试报告等。

还有为客户准备的个性化资料，呈现客户关心的问题。大部门有撰写资料的任务，关键资料要反复评审，做到客户视角、信息饱满、线索清晰。

参观公司

邀请客户参观公司是营销中最常用的方法，但华为接待客户水平好到难以理解的程度，对手很难做到这么细致。让客户参观公司可以极大地提高客户对华为公司的印象，甚至有一些订单在邀请客户参观公司后就基本搞定了。

华为有专门接待客户的部门，叫客户工程部，我们在第一章"华为营销故事"中已经讲了这个部门的来龙去脉。前线销售人员把客户请到公司后，会通过工作联络单把客户情况、接待要求写清楚，客户工程部就可以很好地、非常专业地安排好客户接待任务。一般在客户接待中，华为会安排技术交流、展厅参观、旅游购物等项目。

1999年，我刚到华为时，公司已经有12000多人，销售额在百亿元左右，华为自己只有一栋很小的四层楼，其余办公室都是租的房子。虽然华为自己没有像样的楼房，无法通过建筑物展示华为的实力和形象，但在客户接待环节，做得非常细致。

每个市场销售人员进公司都要在客户工程部实习一到两个星期，在老员工的带领下接待一两批客户，接待内容包括如何给客户订酒店、陪餐、带客户到旅游景点旅游、参观公司展厅、在展厅给客户讲解产品等环节。

1999年，华为公司还不算富有，公司也只有少数人有私家车，但华为用于接待客户的车辆已经是奔驰了。开车的礼宾车司机也很有讲究，他们大多数是曾在天安门广场担任国旗手的退役军人，形象非常好。接待客户的司机都穿公司给他们定制的阿玛尼、杰尼亚这一等级的西装，还戴着白手套，规格就像我们在电视上看到的接待外国来宾一样。

在接待细节设计上，华为也达到极致水平。举个最简单的例子，当客户经理陪客户吃完饭，陪同客户走出餐厅时，客户经理会拨一下手机上礼宾车司机的手机号码，并不用接通，司机就知道客人快要出门了，便将车从附近缓缓地开过来。这样客人到达门口，车子也刚好停下来，司机再下车给客人开门。整套流程下来，会让客户感到自己被非常隆重地接待。

客户参观公司展厅时，华为讲解人员的解说词也是精心编制的。华为的销售新员工，都要进行展厅讲解过关考试，通过这样的锻炼，销售人员就能快速地掌握公司产品的基本情况。

参观样板点

样板点是1997年华为接入网产品线发明的打法，由于易于操作又效果显著，所以很快推广到全公司，成为销售的一个主要环节。

公司展厅里的设备摆放再好，也是摆设，因为它没有安装在实际网络上，客户看了设备也只能向对方证明你有这种设备而已，并不能证明设备的可用性。

举个例子，华为推出一款新产品，这个产品到底能不能在实际的网络上运营，客户光凭销售员的推销介绍，并不能确信设备的真实情况，会有顾虑。

怎样才能打消客户的顾虑呢？

接入网产品线就发明了样板点打法，这种打法主要用于新产品、新场景下的产品推广。

具体操作是这样的：新产品一旦开始销售，就会被安装到运营网上，建立样板点的任务马上就会被布置下去，任务包括房间装修、准备样板点讲解材料等。甚至有时不只建一个新产品的样板点，而是在不同地区、不同场景建多个样板点，这样能够很方便地请客户去样板点参访、交流。样板点的打法成本并不高，也不麻烦，但效果很好。

后来，样板点有了更广泛的含义。客户在采购产品时，为了规避风险，往往会问厂商有什么成功案例。先实施的项目就成了推新项目的样板点，华为突破英国电信之后，有了这个样板点，全球其他顶级运营商就容易突破了。

现场会

现场会是大型造势活动，华为公司在重大项目成功实施后，会要求各地客户经理邀请客户参加现场会。

例如，2014年成都代表处经过非常艰苦的努力，帮助电信公司把IPTV（通过电信宽带网络播放电视节目）业务推广起来——IPTV是极难推广的业务，各地运营商都打怵，不愿意推广这个业务。

成都代表处经过艰苦努力，用了很多方法帮助电信推广IPTV业务，取得了比较好的效果。为了扩大战果，有关部门决定在成都召开IPTV业务现场会。发资料、做宣传是需要的，但传播的强度不够，不足以让客户确信——耳听为虚，眼见为实。

于是，2014年秋季，华为在成都开了一个IPTV业务现场会，由电信运营商出面宣传——因为他们成功开拓了一种新业务，这也是有光彩的事，他们也乐意宣传。华为想通过这个活动推广产品，而华为邀请的客户想亲自到现场了解一下新业务开展情况，现场会是一个三赢的活动。

在现场，华为派出业务推广人员、技术人员进行讲解，对IPTV业务进行现场演示、制作并播放视频资料等。成都电信人员也现场讲解业务开展的过程和结果。现场会的打法让宣传变得真实、可靠。

技术交流会

在电信设备行业，技术交流对推广产品来说是很重要的环节。这是美国公司发明的一种推销方式，科技企业在推销产品时，通常都要进行技术交流。

电信设备和机械设备相比，更抽象，从外形上看不出门道来，用技术交流、测试等方式传播和验证电信设备，解决了客户不好了解产品的问题。

在推广新产品、新业务时，技术交流非常重要。华为销售是两条线作战，一条是客户线，主要负责客户关系建设；另外一条是产品行销部，负责产品拓展。比如在河北，有负责电信、联通、移动的客户经理，也有负责推广移动基站、传输设备、固定网络的产品行销部。河北移动如果要购买基站，客户线和产品线交叉构成一个项目组，由客户经理和产品行销部共同负责促成技术交流，根据技术交流的重要性，行销部再派出专门的人去做高级别的技术交流。

华为非常重视技术交流，产品卖点梳理得相当清晰。一般而言，产品对顾客的独特价值、产品介绍、方案或者产品比对、成功案例等是技术交流的重点。

为了做好技术交流，在公司部门内部也经常培训，进行比武和练兵。比如我去杭州做技术交流，如果有空，也会给客户经理讲一讲产品推销的要点，让客户经理接触客户时也能有专业推销能力。销售的主要材料历经千锤百炼，以此尽量打动客户。

销售方法看起来很容易学，也没有秘密可言，关键在于方法的细节。华为是对细节抓得非常到位，在与客户一次次的接触过程中，就拉开了和竞争对手的差距。

高层拜访

让华为高层出面拜访客户高层也是华为销售的常用方法，高层拜访解决了买卖双方职务对等问题。也有人说这招其实是管理经营经验交流会，"一五一工程"不一定就是五种死板的方法，也不是每个客户都要安排五种方法走一遍。如果是一个扩容项目，客户都用过设备了，可能就用不着技术交流推广了。还有可能客户有出国参观考察的需求，或到先进地区学习取经的需求，针对这些需求华为都有成熟方法安排各种各样的活动。

拜访客户的高层对大型项目显然非常重要，但高层不是那么容易见到的。1998年，华为销售额达到了89亿元，员工近万人，已经是一个有规模的、专注于电信设备市场的大公司。但当时销售订单主要来自边缘区域，华为的产品还很难进入中心区域，当时华为的客户经理想要见到省级运营商高层领导，仍然是困难的。而如果客户经理能安排华为领导见客户高层领导，会非常利于华为产品占领客户高层的心智。1998年，如果谁能够安排任正非见省电信一把手，会是一个很大的成绩。

一般而言，销售员都想尽量见到客户的高层，因为见的客户高层级别越高，拿到项目的可能性就越大，而且越大的项目中，决策者的层级也会越高。所以，能够见到客户高层、见高层的次数也是考核客户经理的指标。

客户经理如果没有这种程序化、半强制性质的考核安排，只有一个销售目标，往往不清楚该干什么，拿下项目的可能性就会比较小。如果没有公司安排的步骤和活动，会销售的客户经理夺下订单的可能性大一点，不会销售的客户经理就束手无策。有了公司例行活动，能降低对客户经理销售能力的要求。

与一般公司相比，华为早期就很注重销售实践经验，把一些重要的步骤固化成套路，在实施环节上做到精细化，这样项目销售的可控性大大增强，实现由偶然向必然的牵引。

九招制胜

华为在销售实践中积累了非常丰富的销售方法：人员不断调动，公司要求较大项目的成功操盘人都要写案例来分享项目销售经验。所以，华为优秀的销售方法能很快在公司扩散。

在销售实践中，华为总结了很多方法和套路，有些方法和套路总结成了有形的材料，被用来培训员工。还有大量的隐形知识——许多人熟悉、执行者会操作，却没有总结成系统的材料。尽管华为是一家擅长总结的公司，但是相对一些美国公司，总结能力还是比较弱的，很多好的方法并没有总结成条理清晰的方法论和理论。

华为花了很多钱请咨询公司提供咨询，咨询项目就会产生很多文档，这些文档在社会上广泛传播，给人们造成一个错觉，以为华为是先有这些文档指导再开展工作的。事实并非如此，大多数工作并不是按图索骥的，文档的作用是更好地统一了公司的语言，通过培训、流程等手段，让员工工作标准化、统一化。

华为电信设备销售的日常工作就是争夺一个个项目订单，销售工作内容包括日常维护客户关系和项目销售。

2004年，华为在泰国得到一份爱立信公司赢单11招的材料，经过分析、加工，结合自己的实践，做成了《九招制胜培训材料》。这是华为培训客户经理打项目的一份主要培训材料。

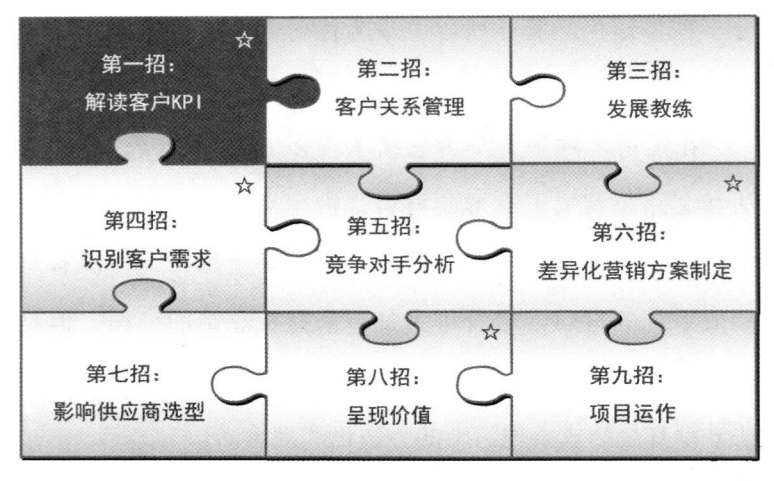

九招制胜

九招制胜是完成项目销售人员要做的九件事,具体内容是:

1. 解读客户KPI
2. 客户关系管理
3. 发展教练
4. 识别客户需求
5. 竞争对手分析
6. 差异化营销方案制定
7. 影响供应商选型
8. 呈现价值

9. 项目运作

整个内容非常多，内训课上需要两天。这九招有一定的顺序和逻辑关系，但不是很严格。先从解读客户KPI入手，这个方法既正确又客观，任何卖方会本能地对准客户需求，但销售方想象的需求很可能有偏差，不如把客户的真实KPI拿来看一看，这样才能做到客观无遗漏。然后是客户关系管理，这是销售的基础。第三招发展教练，找一些很想你中标的内线配合，教你如何打项目。第四，识别客户需求，此时进入了项目环节，准确深入理解客户需求是制定方案的基础，然后再分析一下竞争对手的产品解决方案、客户关系等。在理解客户需求和竞争对手特点的基础上，制定有针对性的差异化解决方案。到了7、8、9步就去执行方案，争取客户，最后获得较为满意的结果。

九招内容太多，限于篇幅，我选几个有特色的内容解释一下：

解读客户KPI

这是最有特色的一个步骤。从关注客户需求的角度上，销售员分为几个层次。第一个层次的销售员只关注自己想卖的东西，对客户需求不做深入研究；第二个层次的销售员擅长察言观色，琢磨客户的需求，在与客户接触过程中，也能不断加深对客户需求的理解；第三个层次是经过公司系统的方法和步骤训练过的销售人员，他们会深入、客观、系统地分析客户需求、理解客户需求，而准确理解客户需求是销售成功的基础。

这几种类型的销售员高下立判。第一种销售员是菜鸟级别的，偶尔会销售成功，大部分情况会莫名其妙丢单；第二种销售员是有天赋、成熟的销售人员，琢磨清楚客户需求显然会提高成功率；第三种销售模式是最好的模式，即便是新手，即便销售员天赋一般，也有项目组帮助分析，这样会让大家更全面、深入地理解客户需求。

获取客户KPI并不难，难的是要理解客户的商业模式、客户的发展战略、客户的组织结构、客户的主要成功要素、客户的竞争环境、客户各主要岗位的KPI等。

解读客户KPI分为客户组织层面的和主要管理者个人层面的。不同的部门有不同的重点，有的部门关注创收，有的部门想省钱，有的部门想创新。深刻理解客户公司目标、部门目标、主管目标才能更好地和客户沟通，帮助客户解决他关心的问题。

要灵活、正确理解华为的销售方法，生搬硬套是没有必要的，效果也不会很好。

发展教练

在大型2B销售中，销售方都希望尽量多地了解客户的内情，发展教练就成了一个必要的步骤。

所谓教练就是在客户内部找到跟你关系好的人，他希望你中标，能够把情况告诉你，客户教你应该怎么做，所以叫教练。

大多数组织，尤其是大型企业，都有较为复杂的人际关系，大家的看法也不一致，利益也不一定相同。供应商彼此之间是竞争对手，在客户内部往往也有明里暗里支持不同供应商的人。通过多种途径找到教练教你怎么运作项目，显然会直接有效。情报对于销售是极为重要的，行业趋势和动向、竞争对手情况、客户需求、决策链上每个人的想法，这些都是很重要的信息。

教练的定位就是想让你中标的人，很多事情人们都看法各异，客户也是有人保守，有人激进。有人希望萧规曹随，不出差错；有人则大胆突破，建功立业。发展教练就是找到有利于你中标的人，配合实现让你中标的目的。

差异化营销方案制定

每个差异点都是营销点，比如矿泉水和纯净水其实差不多，就看谁能在差异点上做文章。

多特性、技术含量较高的产品通常都会包含很多差异点。和消费品相比，工业品可以通过点对点密集信息轰炸方式将差异点营销成优点，甚至可以营销成一种默认的标准。

比如，光伏逆变器是将光伏发的直流电转变成交流电的一种设备，一直存在集中式和分布式两种模式，这两种模式各有优点。在华为进入这个市场之前，一些外资企业主推的分布式逆变器基本上被集中式逆变器逐出市场。但华为进入这个市场选择了分布式的技术路线，通过强力的营销又把分布式逆变器变成了主流。

华为宣传逆变器的技术交流材料用了16页PPT，对比分布式与集中式，从设备成本、安装、维护、发电量等许多角度算账，最后得出结论分布式明显优于集中式。

差异化是个基础，假设客户中有人倾向于你，你要用差异化给客户提供选择你的理由。项目一个个签订之后，你的差异化就越来越有说服力。当很多客户都选择了你的方案，你的差异化就成了不言自明的优点，成了一种势能，一种标准。

电信设备行业不是一个巨大的行业，全球也只有1200亿～1500亿美元的市场空间，但电信设备对全球2万亿美元营业额的运营商极为重要。电信设备包含了很多技术要素和复杂服务、一定程度的个性化定制，这些要素组合在一起，让电信设备销售成为最复杂的销售。

一般行业的销售都没有电信设备销售这么复杂，但销售的实质是类似的，通过设计营销步骤让大多数销售员的工作都有其价值，通过连环努力，就能逼近成交结果。

"五环十四招"

"一五一工程"是华为搞销售和市场活动的基本套路，由客户经理和产品行销经理共同完成。"九招制胜"则主要是客户经理打项目的套路，客户关系管理主要是客户经理的工作。下面要讲的"五环十四招"主要是产品行销部的工作。

"五环十四招"将营销套路分解到可操作、可考核的层面，对销售非常有用。

所谓"五环"，是根据营销4Ps方法论加上一个Plan

（计划）构成的，"十四招"则是华为结合自己的行业特点，经过实践经验总结出来的具体做法。

销售中还有诸如市场细分、市场空间、市场活动、销售管理等许多内容，华为把这些都融入了"五环"之中。

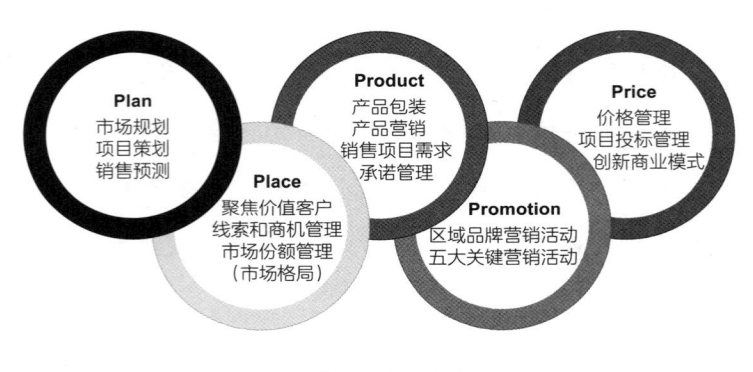

Plan
市场规划
项目策划
销售预测

Product
产品包装
产品营销
销售项目需求
承诺管理

Price
价格管理
项目投标管理
创新商业模式

Place
聚焦价值客户
线索和商机管理
市场份额管理
（市场格局）

Promotion
区域品牌营销活动
五大关键营销活动

"五环十四招"

Plan（计划）环包括三招：市场规划、项目策划、销售预测。

市场规划就是制定销售战略，而销售战略主要靠产品行销部来制定和把握。卖一种产品全国一盘棋，哪里率先突破，哪里建样板点，由产品行销部总体布局显然比具体销售网点各自安排更合适。

项目策划则是针对具体项目的销售方略，比如项目该怎么打、预期目标和资源配置等。

销售预测对于很多公司都是非常重要的，解决及时供货和库存之间的矛盾就要靠销售预测来完成，而且后端部门要根据销售预测准备物料，做物料采购生产计划。

Product（产品）环包括三招：产品包装、产品营销、销售项目需求承诺管理。

产品包装就是制作一系列的宣传材料，其中最核心的材料是一套精心编制、不断完善的PPT，在华为公司叫主打胶片。主打胶片的内容要围绕核心卖点、对用户的核心价值、与竞争性方案相比的优势等方面展开。产品行销部的人要人人能讲主打胶片，客户经理也要熟悉其中的主要卖点，能跟客户进行基本沟通。

产品营销是产品行销部拓展产品时的核心任务，尤其在新产品拓展初期，行销部是承担销售任务的责任部门。行销部通过代表处销售平台完成产品市场拓展、布局等任务。

销售项目需求承诺管理就是对客户所提需求的管理，2B类项目中，客户经常会有特定的需求或者一定程度的定制需求，因此要进行主动管理，做好销售服务工作。在相当长时期中，华为销售项目需求承诺管理也是由产品行销部管理负责的。产品行销部不是单纯地推销产品，也承担着将客户需求反馈给研发、做差异化产品开发、铸造竞争优势的职责。

Price（价格）环包括三招：价格管理、项目投标管理、创新商业模式。

第一，价格管理。2B项目一般都是竞争性定价，每一单的价格都可能不一样，由产品行销部管理价格授权是华为的一个特色。价格管理的目标就是要谋求产品销售竞争性和利润之间的平衡。很多公司的价格管理都是由销售主体——各个区域管控的。由于项目竞争非常激烈，区域总是倾向于向客户报低价，向上级申请特价。由于上层并不一定都了解实际情况，会被"骗"，而产品的价格控制不好，会影响公司获利。由产品行销部管理价格，价格就更贴近一线，而且产品行销部人员要对利润负责，会和以完成销售额为重点的客户经理形成一定程度的博弈，这样价格管控就比较合理，也比较符合市场实际情况。

第二，项目投标管理。主要指产品行销部要负责组织编写招投标书等材料。由于产品行销部对特定的产品负责，对产品比较熟悉，所以由他们来编写这部分内容，会比客户经理更专业，也能够更好地复用。

在2B销售中偶尔会出现创新商业模式，有的客户对某项新业务前景没把握时，他们有时会以让厂商承担风险、运营结果分成等方式达成交易。也有相反的情况，就是华为觉得卖产品不赚钱，希望通过分成赚钱。

Place（销售路线）环包括三招：聚焦价值客户、线索和商机管理、市场份额管理。

第一招：聚焦价值客户。一种产品在全国（全球）销售不可能是均匀分布的，因为客户是不同的，要注意区分。比如，有激进的、想尝鲜的客户，也有保守的、不愿意尝试创新的客户；有简单交易性客户，也有重要的战略客户；有示范性客户，也有用来打击竞争对手的客户。很显然，针对不同的客户要采取不同的策略，产品行销部了解各地的情况，更容易做出统筹安排。

第二招：线索和商机管理。销售线索对于很多公司来说是极为重要的，它是销售的起点。华为的销售流程LTC，就是线索到现金的意思。华为的"五环十四招"是卖电信设备时的套路，而卖电信设备基本没有获客的问题，目标顾客少而明确。同时，电信设备销售订单通常比较大，华为采取团队营销模式，这样一来，销售线索问题并不突出。在电信设备领域，销售线索主要是防止对手暗箱操作、及时获取客户准备采购的信息等。销售线索也不完全是客户采购信息，还可以主动出击，根据客户情况，引导客户立项采购。

获取销售线索对多客户、小订单的行业更加重要，抓销售首先要抓住销售线索管理，销售才有源头。例如，阿里最早拓展的B2B业务，是拉客户交会员费在阿里巴巴平台上建商家信息，这种业务的目标客户是小微企业，怎么获取尽量多的线索、增加线索转化率就是销售的核心问题。在获取线索数量上，阿里给地推销售人员规定了每天拜访客户的数量，并简单记录客情，这样就把获取销售线索的工作管理起来了。如果一个销售线索过一段时间不能转化成订单，销售人员就要把线索贡献出来，分配给其他销售人员去引导，以达成订单。这就是阿里早期"中供铁军"的主要打法。

第三招：市场份额管理，这也是华为产品行销部的一个主要任务。华为销售采取"石头汤要饭法"，第一步先进行市场突破，一旦有所突破，就要求不断提升自家位置和产品占比。攻打山头项目、决战制高点，增加市场份额。

Promotion（促销）环包括两招：区域品牌营销活动、五大关键营销活动。

第一招：区域品牌营销活动。运营商为了推广产品，有时会搭台做活动，商店为了推销产品也会做活动，许多行业都会举办各种各样的营销活动。面向特定客户的、对公业务也会举办一些活动让客户知晓你的产品或者促进客户关系。这种促销推广是标准的促销活动。

第二招：五大关键营销活动，就是前面说过的"一五一工程"活动。

"五环十四招"的销售套路非常全面，运作也比较成熟，再配合华为销售模式，使华为可以在难以攻克的电信设备销售行业攻城拔寨，所向披靡。

"五环十四招"是华为自己发明的营销方法论。起初，华为产品行销部只是模仿同行的售前支持部，主要工作就是做技术交流和编写招投标文档等销售辅助工作。后来，行销部主动拓展工作面，开展丰富多样的营销活动，承担许多重要的销售任务，发展为华为很有特色的一个销售组织，在新产品快速打开市场、产品在客户网上布局等方面都发挥了非常重要的作用。

2002年，华为采纳了美世（Mercer）咨询的建议，成立了战略与市场部门。美世说，华为三四万人了，竟然没有市场部，也没有战略部，是不太合理的。华为觉得有道理，就采纳了这个建议。但后来十几年，战略部与市场部都运作困难，尤其是市场部，换了好多位能打的人领导也无法开拓出大的工作面，其主要原因就是华为产品行销部门已经把市场部要做的工作都做了，而且运作成熟，只是它的名字中没有"市场"这两个字而已。

做计划与打项目

每个公司年初都会做出一个销售目标计划，华为是非常重视销售计划的，公司要依据销售计划制定指标、配置资源，计划指标也是各个销售部门、销售人员年终考评、分发奖励的最主要依据。像华为这种不拿提成、用目标制管理销售的公司，做好计划特别重要。

项目则是华为销售电信设备的"细胞"，公司的销售额就是各个项目的销售总和。华为的销售套路有很多都是在一个个具体的项目中使用的。

做计划

通常我们评估一个公司的销售能力时，其中有一条就是，该公司能不能做出比较准确的年度销售计划。这项工作并不简单，即使除去不可预测的"黑天鹅"因素，要做出准确的销售预测也不是那么容易的。很多经营多年、营业额达到数百亿元的公司，也没有较为系统、准确预测销售目标的方法，每年销售目标还用"拍脑袋"方式决策。

比较准确地制定销售任务体现了公司对市场情况的洞察和理解能力。准确制定销售任务非常重要，因为到年底要根据任务目标完成情况排队、进行考评鉴定、发放奖金等，所以销售任务计划和销售系统人员利益挂钩也促进了华为在制定销售计划上不断完善和精进。

华为制定销售任务也经历了从"拍脑袋"到科学、细致决策的过程。

1999年，华为销售额已经达到121亿元，每年的销售任务总目标都是老板"拍脑袋"确定的，然后再逐级压下去。老板制定的目标都比较激进、大胆，年初时大家都认为市场没有那么大，目标无法完成，但等到年底总能完成任务。几年下来，老板对市场的判断成了一个人人都相信的神话。

老板能够比较准确地制定目标，主要是他对电信市场发展规律有较为深刻的洞见，好老板都有对市场的敏感性。不可否认，制定较高的目标也有其主观判断的成分。但其实，制定跳起来能够达到的目标，就是进行积极的目标管理。

2003年是电信泡沫破灭之后的恢复期，任正非在研发和市场干部大会上发表了《发挥核心团队作用，不断提高人均效益》的长篇讲话。在讲话中,他引用克劳塞维茨的名言:"要在茫茫的黑暗中,发出生命的微光,带领着队伍走向胜利。战争打到一塌糊涂的时候,高级将领的作用是什么?就是要在看不清的茫茫黑暗中,用自己发出微光,带着你的队伍前进;就像希腊神话中的丹科一样把心拿出来燃烧,照亮后人前进的道路。"

华为在"拍脑袋"定目标时期,对于怎么样夺取市场已经形成了完整的套路。在制定的目标中,不仅仅是一个销售额和销售利润指标,一些细化的指标体现了华为公司对电信设备市场规律的认知。比如,重点工作、主攻方向、市场格局、山头项目、新产品突破等都在市场计划之中,这些词所代表的行动都是攻打市场的关键。换成通用的术语就是,不仅仅注重销售数量,也要注重销售质量。比如今年的新产品完成了突破,来年就会产生具有规模的订单;如果今年不抓新产品突破,来年就很难上量。华为制定的主要市场目标都包含获得收入和积累势能的双重功效,兼顾"产粮食"和"增加土地肥力"。

华为的销售体系是区域维度和产品维度组成的二维矩阵结构,每种大类产品在各个区域华为都派驻了销售人员,他们对本区域的市场情况比较清楚。于是,制定计划的部门也是二维的，广州办计划销售A、B、C产品各多少，由产品行销体系和广州办的客户体系分别完成，再通过沟通、讨论，每种产品在每个具体的客户群要销售多少，要有哪些关键的活动促成销售，在年初制定计划时就形成了方略。

2000年之后，海外销售逐渐上量了，市场规模和范围已经超出任正非和高管能够深入了解的范围，制定销售计划的工作逐渐走向规范化和科学化。

从1992年到2000年，华为在国内拓展时期形成了完善、丰富的销售套路，也包括如何制定市场目标的套路。市场范围扩大之后，华为将已经比较成熟度的套路再进一步细化、规范化、专职化，逐渐将其调整到适应各国的具体情况，由老板"拍脑袋"定目标过渡到了专业化制定目标。

做计划是认识市场的一个组成部分。当公司进入一个新市场时，对市场的理解不会很深入，就算阅读再多的报告和资料，理解也是停留在纸面上，要想深入理解市场的方法就是实践。刚进入一个市场时，只能"拍脑袋"制定一个销售目标，这时华为摸索市场的方法是先搞一个小部队，在个别区域试探性销售；销售一段时间后，对市场的真实情况理解就深入了一步，半年之后制定的销售目标、主攻方向、重点工作就会比一开始准确，一年之后就更准确了。以此类推，几年之后就能够准确地做出市场计划，比较好地配置资源了。

学华为销售方法论学得最好的正是华为自己。华为的套路、方法、流程都是开拓电信设备市场时摸索、总结出来的，要做企业网络设备市场、做手机市场、做云计算市场拓展，不能机械地照搬、照抄电信设备销售的办法，但原有的做法变一下形就适应新业务了。比如，饱和攻击这种营销思想和方法运用于华为所有产品销售之中，手机部门就要摸索销售手机如何发起饱和攻击打法，企业网络设备部门也会琢磨在企业网络设备市场如何进行饱和攻击。绝大多数产品在市场拓展中都有战略高地、重点工作等规划骨架，进入新业务领域时，华为会本能地探索战略高地、重点工作在哪里，要采取哪种具体的打法。举一个例子，手机是消费品，和电信设备差异很大。华为手机市场部大佬说，原来以为手机市场没有格局（指华为产品在用户心中的地位）之说，搞了几年才明白，原来手机也有格局；电信设备市场有的东西，手机市场都有，只是表现形式不一样。

所以，我希望读者能够把本书的思想和方法融会贯通，应用于你的行业、你自己的企业。我相信经过深入的思考、实践，是可以做到的。

打项目

华为电信设备销售是由一单一单的项目构成的,销售的套路要落实到项目中。在项目之上,是公司每年都制定总体计划,通过计划—激励体系牵引销售部门战胜困难,推动公司前进。

项目计划就是策划,一个成熟公司,尤其是大公司,并不是每单都要奋力夺取的,有相当多的订单是例行签订的,如扩容合同项目、在战略框架下的落实性项目等。

对于必须奋力夺取的项目,华为有自己成熟的项目策划套路。策划主要包括三个部分:项目目标、组织保障、里程碑。

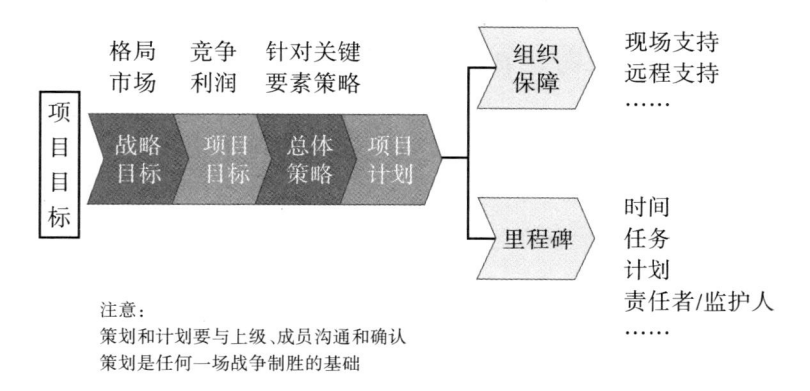

项目目标 → 战略目标(格局 市场) → 项目目标(竞争 利润) → 总体策略(针对关键要素策略) → 项目计划

→ 组织保障：现场支持、远程支持……

→ 里程碑：时间、任务、计划、责任者/监护人……

注意：
策划和计划要与上级、成员沟通和确认
策划是任何一场战争制胜的基础

项目策划

目标可以细化，但也不需要太细致。比如中国移动公司招标5G设备集采，对于华为是重大项目，华为的目标设定上就会提出市场份额目标，比如哪些区域要确保拿到，哪些区域是要尽力争取的，等等。

销售计划、项目策划涉及竞争，你有计划，竞争对手、客户也都有自己的计划。真实的项目情况是多方博弈的过程，不可能如你所愿。所谓计划赶不上变化，但这并不意味着计划、策划工作不重要。艾森豪威尔说一切计划均不重要，但做计划的过程很重要。陈赓说"枪声一响，作战计划废掉一半"也是这个意思。

当然，项目策划中也有很多完全可控的部分，如组织保障，因为不涉及外部竞争，就是完全可控的。项目组织中包括常规运作人员，比如项目负责人、项目协调人等，一般还会配置高层领导支援——在华为公司叫赞助人（Sponsor）、临时性的项目支持人员等。在海外，许多小国家的市场空间不大，不可能所有资源都配置在本地，有相当多的人员是配置在地区部共用，这些人员日常要到各个国家打项目，要利用他们就必须通过项目策划任命和配置这些人员。对于中国区这种市场厚实、本地销售人员众多的情况，华为也会通过成立项目组的方式锁定外部支持，如高层领导拜访、研发经理直接支持、公司专家现场支持等。

前面介绍了华为市场、销售的套路，如"五环十四招""一五一工程"等，这些方法有时单独用，有时和项目结合在一起使用。

由于华为公司是打项目做销售起家的，在销售中又发明了一些有利于"松土"的套路，逐渐形成了市场和销售合一的结构。有人说市场是花钱的工作，销售是挣钱的活动，这个说法在华为不太适用。在华为，市场活动和销售活动区分并不明显。2002年，华为才成立了市场部，原本打算像其他公司一样将市场活动和销售活动分开，后来发现华为市场和销售已经充分融合在一起，无法分离，但其实这样的效果也不错。

比如高层拜访是华为的一个市场活动，但在具体项目销售过程中也会被使用，于是又成了销售活动。所以华为的销售机构在日常项目运作中，会布置高层拜访、技术交流这样的任务和流程，也会因为具体项目而安排这些活动。

这些为夺取项目而安排的一系列活动，画在甘特图上，就成了项目运作过程中的里程碑。

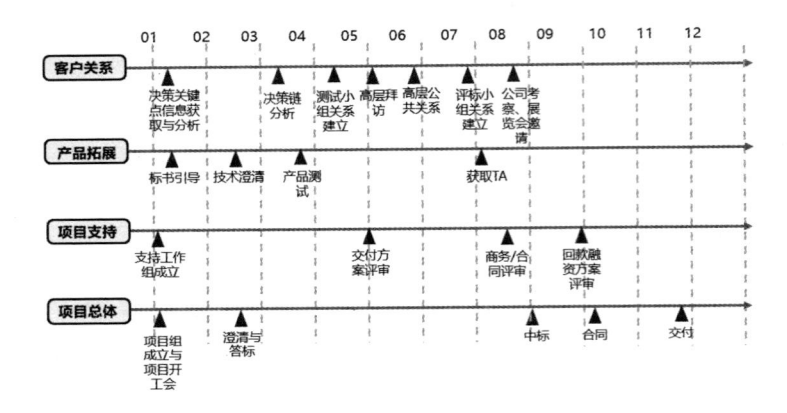

项目里程碑规划图

在项目里程碑的规划中，每个具体的活动已经落实到相应的小组、成员上，并和具体的工作对应起来，项目就具备了有序推进的基本条件。

但要安排这些活动，有些是有困难的，比如你想安排高层拜访，但也许客户高层没时间，或对方不想见华为高层；你安排的技术交流会，客户出席人员的层次可能比较低。这些问题怎么解决呢？就是要努力争取，顶住压力按目标推进。王健林做房地产开发，需要银行贷款，要见银行行长，但银行行长躲着他，怎么办？王健林在银行堵了57次才见到行长。华为也是这样，华为开拓德国电信市场时，根本见不到客户，也找不到中间人牵线，怎么办？华为主管打听到德国电信一位主管每周周一都到意大利工作,周末回德国,并乘坐固定航班。于是,这位主管也乘坐同一航班在意大利和德国之间飞来飞去,制造"偶遇"的机会,飞了7次,终于"偶遇"了,华为销售主管再递上一张名片,算是建立了联系。

销售不易,但战胜具体困难好过无从下手。华为销售通过丰富的套路,通过策划,通过管理,找到了一个个有效而具体的里程碑,之后只要想办法完成这些具体的里程碑,就会推动项目迈向成功。

当然,一个项目光有前期策划是不够的,在项目进行过程中,会遇到很多具体情况,要克服一系列困难。销售管理就是以规则的确定性尽量对付结果的不确定性,通过执行行之有效的方法一步一步地将销售导向成功。

销售会议

销售很难,人都容易懈怠,开会则是一种督战方式。

没有阶段性进展的销售必然会失败,开会就是要盯紧项目。项目前期有策划会议,项目进行中要有跟踪会议。

销售也需要资源协调,销售团队需要沟通信息,开会就是要解决这个问题。

开会梳理项目，本身也是一个学习的过程。

华为的会多到令人发指的程度，无效会议很多，这是事实，公司也一直在想办法减少会议，但是做不到，只能采取疲劳战术。但也有许多会是非常重要的，比如销售会议就是必不可少的。

开会是实施管理的一种主要方式，不同级别的销售会议内容不一样，要想公司管理得好，能把会开好是非常重要的。好会议的基本特点是程序内容设置合理，领导水平体现在灵活发挥，根据情况做出决策。倘若开会都是很随意的，在实际管理中，肯定会挂一漏万。开会也要精细化、规范化管理——开会关注哪些内容，暴露哪些问题，盯哪些点；经过很多实践优化的套路，肯定优于主管"拍脑袋"想出来的套路。管理就是不断总结归纳，把例外问题变成例行自动化执行。主管的责任就是做好例外情况的处理。

华为销售会议从上到下，分为很多层次，越高层的会议越关注宏观战略层面，最基层的会议讨论的往往都是具体的项目、事件。

每年春节过后，华为都会开三四天的市场部大会，虽说是市场部大会，实际上研发体系也会参加。直接在现场参会的成员大约有500人，说来奇怪，华为现在有近20万人，深圳总部加上附近的松山湖基地大概有六七万人，竟然没有一个能容纳300个人的会议室，因此参会的500人会分布在三个相邻的会议室，每个会议室不到200人。最近这几年除了现场参会人员，其他华为相关人员也可以通过电脑看会议直播。

市场部大会的主要议题是各产品线、各销售区域汇报产品基本销售情况、当年工作重点和主攻方向。华为产品在170多个国家销售，市场部大会以地区为单位，汇报上一年取得的结果和本年度的计划；研发则以大的产品单元为单位，汇报上一年的成果和本年度的策略。最后是老板讲话、公司最高层宣誓等环节。这种会的目的就是要把最主要的战略问题沟通清楚。

很多公司的销售问题其实是战略部署问题。这些公司的销售其实只是跟单，客户有了新项目，销售人员去跟踪，再把单拿下来。主动出击的销售模式显然需要更好的战略部署，如哪些产品要突破，哪些要上量，区域、产品、客户等方面的主要竞争对手是谁，竞争策略是什么，等等。

华为各地区部门每个月、每个季度都有例会，会议议题为各主要部门汇报工作进展情况、面临的主要问题，以及需要决策的问题。所有的重要汇报都有比较精炼的模板，这样就可以覆盖各个方向，不会遗漏。

华为在国内的省代表处基本上是最前线的销售机构，每个星期都会开销售例会，各个客户群和各地的主要客户经理要汇报项目进展、问题、需求等。所有的订单都是由最基层的各个销售单元完成的，管理必须盯得细，而细就需要有套路，当小主管一级的都清楚有什么销售套路，就可以根据客户和项目情况带着几个兵去执行，这样销售就会变得很有秩序。

管理不是广告创意工作，不需要每天都想新点子。管理和销售方式是比较稳定的，变化不是那么大，被证明有效的、有限的招法基本上可以消灭大多数问题。

第五章

华为销售流程

很多人误以为华为销售法就是"铁三角"组织加上LTC流程，这种简化的说法与事实出入较大。华为2006年开始搞"铁三角"，2009年年末开始在海外搞LTC销售流程，2013年LTC才在中国区落地。但2006年华为海外市场销售额就已经超过国内，2009年、2013年华为总体销售额分别为1491亿元和2390亿元。

可以简化传播，但不能篡改因果关系。没有"铁三角"、没有LTC流程时，华为销售也是很成功的。可以说华为销售一直都很成功，因为它深刻地理解了所在行业的规律，用正确的方法持续驱动千军万马奋力拼搏。

建立销售流程的困难在于成交方式和客户都有多样性，销售流程必须适配不同的客户，厂商的销售流程要适配客户的采购流程。流程过于灵活就会被弱化，分支太多也不容易操作。我们对比一下销售流程和研发流程的区别，就会更清楚销售流程的关键在哪里。研发流程封闭在公司内部，只是开发不同产品需要一些灵活调整，但研发工作比较复杂，需要不同工种、不同模块精确配合。为什么华为1999年就开始搞研发流程IPD？因为不把流程梳理好，那么多研发人员协调配合就比较困难。销售则不需要像研发一样进行那么多的劳动分工，销售人员之间的配合也不需要特别精确，销售适应客户的需求即可，它的流程性不强。研发产品要先设计总体模块再编码；销售流程要求展开参观公司、参观样板点、高层拜访等活动，这些活动并没有严格顺序，也不一定需要完全执行。因为销售的流程不严格，流程性就不是特别强，这是华为很晚才进行销售流程变革的原因。

流程是什么？任何业务天然都有业务流，有各个环节的先后顺序，许多要素之间的配合等。华为副总裁徐直军说："企业为实现价值创造，从输入客户要求开始到交付产品及服务给客户、获得客户满意，并实现企业自身价值的端到端业务过程就是业务流。业务流是客观存在的，每家公司在设计自身业务流程时都是想办法要找到真实合理的业务流，并去适配这个业务流。"

到底什么是最好的、最有效率的天然业务流，人们并不知晓。而流程就是匹配天然业务流的一种操作方法。

华为公司关于流程建设，有高屋建瓴的四条指导原则：

1. 把过去好的方法固化下来，推广出去，提高效率和质量，降低业务风险；

2. 提供多条路径和方法，使业务人员能根据不同业务场景灵活适配；

3. 控制作业过程，保证结果可控和满足要求；

4. 承载公司政策、内控管理、质量管理等管控要求，保证安全运营。

这四条原则适用于所有流程，华为销售流程是对华为销售实践的总结。通过建设完善贯通的销售流程，又进一步推动了全球各地销售的统一性，人员互换性更强，做到快速灵活地配置资源。流程化通过贯通流程让销售可控性强，减少偶然性，增加必然性，也是摆脱对个人依赖最重要的方法。

一个故事讲清楚销售流程

初中课本上有一篇《隆中对》，一般人会把这篇内容当成战略故事讲，诸葛亮洞察天下大势，制定策略，未出茅庐，即看出了三分天下的大趋势。我觉得《隆中对》也是一个非常完美的销售案例，我们先看看原文：

亮躬耕陇亩，好为《梁父吟》。身长八尺，每自比于管仲、乐毅，时人莫之许也。惟博陵崔州平、颍川徐庶元直与亮友善，谓为信然。

时先主屯新野。徐庶见先主，先主器之，谓先主曰："诸葛孔明者，卧龙也，将军岂愿见之乎？"先主曰："君与俱来。"庶曰："此人可就见，不可屈致也。将军宜枉驾顾之。"

由是先主遂诣亮，凡三往，乃见。因屏人曰："汉室倾颓，奸臣窃命，主上蒙尘。孤不度德量力，欲信大义于天下，而智术浅短，遂用猖蹶，至于今日。然志犹未已，君谓计将安出？"

亮答曰："自董卓已来，豪杰并起，跨州连郡者不可胜数。……诚如是，则霸业可成，汉室可兴矣。"

先主曰："善！"于是与亮情好日密。

关羽、张飞等不悦，先主解之曰："孤之有孔明，犹鱼之有水也。愿诸君勿复言。"羽、飞乃止。

诸葛亮为了推销自己，首先造势，自比管仲、乐毅，属于搞事、炒作，虽然大家并不认同，但有关键人物认同即可。

徐庶把诸葛亮推荐给刘备，并且要刘备亲自去请诸葛亮。这样诸葛亮可以进一步抬高身价，也可以考察一下刘备的诚意。刘备见到诸葛亮后，诸葛亮分析了天下形势，指出了夺取天下的方针和步骤。刘备与诸葛亮达成共识，刘备验证了诸葛亮的成色，诸葛亮确认了刘备的诚意。诸葛亮去刘备那里之后，用了几场战役证明自己不仅仅是策划、谋略高手，还是货真价实的实干家。

诸葛亮从推销自己到证实自己的能力，可以分成三段：造势获取销售线索；把线索转化成真实的销售；优质交付，证明物有所值。

千行万业的销售都遵从这样的规律，要销售产品，第一个步骤就是先让产品出名，通过造势牵引线索。华为管这段工作叫作MTL（Market to Leads，市场到线索）。第二个步骤就是抓住线索，进一步沟通、投标、竞争等，这段叫LTC（Lead to Cash，线索到现金），最后要交付产品给用户，这段叫ISC（集成供应链管理）。

不同行业的步骤有所区别，华为企业网络设备要向各行各业许多目标客户销售产品，上面三段都有。电信运营商销售业务在中国只有三个客户，目标非常明确，彼此都已经非常熟悉，销售过程基本上不需要MTL造势工作，主要就是后面两段。销售手机则是从造势直接吸引顾客购买，就是造势直接转销售，可以叫MTC（Market to Cash，市场到现金）。

一个公司要有与自己产品特点匹配的能力，才能形成良好的销售。如果能力不均衡，就无法形成商业闭环。

前些年，乐视、锤子都曾进入智能手机行业，它们都是擅长造势的公司，通过一系列的炒作，迅速让自己的产品天下皆知。但是，后面销售力和产品力跟不上，无法借势转换成实际的商业成果，仅有的少量销售也不能通过产品力扩大影响力，造势产生的能量很快就消退了。

还有些厂商，转化订单的能力强，但造势能力不强，这样业务爆发力就不强。达不到人人皆知就达不到最大的销售潜力。

我们周边的人或者我们知晓的人，也有不同的能力长板。有人擅长造势，却不擅长将势能转化成实际订单，经常雷声大、雨点小。有人销售能力强，却不擅长打开局面，不擅长获取更多的线索。

像诸葛亮这样的全才不多，要把销售做好，往往需要不同能力的人配合，用各自的长板组合成一个能装水的木桶。

对于公司而言，首先要深刻理解本行业的销售规律，将每个环节的能力通过组织的方式构建出来，研究好标准的操作方法，让平凡人做出不平凡的事，而这一点正是华为非常擅长的。

2011年，华为决定将手机作为主航道时，完全不擅长向个人消费者销售产品，因为这种业务与电信设备只有很少客户完全不同。华为公司在大众中的知名度一般，其手机更是没有一点知名度，华为擅长LTC，完全不会MTL。怎么解决这个问题？最直接的方法就是手机部门的主管余承东顶住压力，用微博、发言、访谈、发布会等综合一切手段造势，制造话题、引发争议、推广产品，扩大知名度。

由于华为长期在客户数量极少，也非常明确的电信设备行业销售，除了不擅长向广大群众传播自己，还有点反感这种做法。这是人的正常心理，对于自己不擅长的事常常抱有反感、抵触情绪。所以，余承东造势还要面对很大的内部压力。但业务需要激发了他的搞事天赋，余承东的持续炒作让华为手机在不太长的时间里，获得了较多的关注和知名度，立下了功劳。

虽然是从外行进入手机行业，华为借助超强的学习能力，向一切成功者学习，不断在实践中总结每个环节的操作方法，很快就具备了操盘手机销售的组织能力。

公司销售通常会在两个方面出问题。第一，尽管销售是天天能看见和实践的寻常之事，却不能概括行业的成交规律。例如"定位"声称可以解决一切销售问题，企业却不清楚一句广告语对销售的实际帮助到底咋样。第二，在成交链条上有明显的短板而不自知。例如，2005年华为在苏丹代表处的销售业绩还是不错的，已经是亿元销售代表处了。但2006年一个大项目溃败，华为经过系统地反思才发现原来的作战模式并不能很好地匹配用户需求，然后，发明了适用于小国的"铁三角"作战模式。

不是诸葛亮，小团队就要搭配成诸葛亮。大团队则要详细、深入地研究销售的规律，将销售流程化，重要环节专业化，做到尽善尽美。

搞事牵引线索

电信设备销售的特殊性是客户少而明确，订单大而复杂。客户少而明确意味着不需要广而告之、普遍撒网获取销售线索。订单大而复杂意味着在销售中可以重度投入人力物力。如果行业需要获取、制造线索，就要加上一个前向流程，在华为公司叫作MTL。

后来，LTC经过改造，也用于华为企业网络设备销售，前段加上了MTL。MTL是一个比较简单的流程，如下图：

市场洞察 → 市场细分管理 → 建立营销方案 → 销售活动策划与活动执行 → 销售线索生长与管理

简化MTL流程示意图

2012年，华为公司开始建设MTL流程，这是一个建立很晚的流程，而流程里包含的内容早就开展多年了。公司对MTL的定位是："培育市场，牵动研发，生成线索，促进增长"。

洞察与市场细分

市场始于洞察分析。事实上，华为的研发流程IPD、战略流程DSTE[①]也始于市场洞察。市场洞察就是对市场深刻的理解和分析，洞察的结论决定了行动方向。洞察非常重

---

① DSTE是华为17个一级流程的其中之一，DSTE包括三个二级流程：战略规划流程（SP, Strategy Plan）、年度业务规划（BP, Business Plan）和战略执行与监控。

要，诚实地说并没有什么方法论和程序可以提高洞察能力，行业经验是洞察基础要素，洞察还要有想象力。

2009年，华为海外销售已经达到了901亿元，主要竞争对手爱立信、阿尔卡特都向服务方向拓展业务，主要是承包电信运营商的运维和销售等服务。华为要不要像竞争对手一样，也拓展服务呢？我研究了这个议题，把相关公司的服务内容、拓展方式等进行了比较深入的分析，结论是华为不要将业务延伸到服务，华为和运营商的界面就是交付好设备。延伸到运维服务不能让华为获得竞争优势，还要转移运营商的员工到华为，造成一些管理上的复杂和隐患。针对这个议题公司也有各种各样的观点，开过很多次研讨会。最终华为选择了不将业务延伸到服务，并且为了禁止各国销售机构为获得更大的销售额而私下拓展服务业务，公司明令禁止代表处无权转移运营商的员工到华为。如因业务需要，非转移不可，地区部有权批准两个名额转移到华为，如要转移9个以上的员工到华为，必须由任正非亲自审批。

2011年8月16日，小米发布手机并采取网络销售模式，主打高性价比。当时，有人看好小米模式，有人不看好。我分析了淘宝上手机的销售数据，发现前20款畅销机型有19款是智能机，只有一款功能机。当时，手机整体销售六成都是功能机。差异特别大的统计结果表明智能机更适合线上销售。尽管线上销售手机是非主流,多年销售占比徘徊在3%多一点。但是,智能机的爆发很可能激活线上销售。于是,我写了一篇《小米的超限战》,主张公司立即开展线上销售手机,不用犹豫,这个模式是可行的。以上这些案例都属于优质洞察。

市场洞察在发现商机、规避风险等方面非常重要,但不一定是唯一的方法,大多数情况下,公司是通过实践验证市场情况的。

假设当年华为公司将业务延伸到运营商的服务领域,一般也会先在几个试点国家开展业务,看看会出什么问题,是可以克服的困难还是难以战胜的问题,这样即使没有正确的洞察和预判,也可以逼近真相。小米线上销售手机模式到底是不是一个可行的商业模式,"让子弹飞一会儿"自然就知晓情况了。

市场细分则是最重要的一个销售思想,在竞争环境下,每个公司都有不同的特点,都是能力有限公司,需要根据市场情况和自身情况选择主攻方向。为了进行销售活动而做的市场细分主要是分清楚对象,同一细分市场的目标客户有相似的需求。例如,华为要在教育行业推销解决方案,选择了教育这个细分市场，就要分析华为的产品和教育行业的需求有哪些方面是匹配的，要针对性地展开营销活动，效果才更好。

展开市场活动

市场活动是吸引客户、传播产品的一个非常重要的环节，不展开市场活动，你的产品就没有人知晓，销售就无法启动。

小公司展开市场活动主要靠老板和个别营销人员的搞事天赋和习惯。大公司市场活动则靠系统的策划和组织，一旦某个活动效果好、办活动的方法成熟，就作为例行活动。

乔布斯开创了为一款小小的手机开发布会的市场营销活动，其他公司都模仿苹果的做法，于是通过开发布会为新手机造势成了一种例行的市场活动。有一次我和一位著名汽车厂的领导交流，有了下面这段对话：

厂长："我的车复杂还是你的手机复杂？"

我："当然是车复杂，车有两三万个零件，体积巨大。手机只有数百个零件。"

厂长："为什么你一款小小的手机能开发布会，我的一辆新汽车就悄悄地上市?"

我:"这正是汽车行业的问题啊,传统产业都太老实了,不会搞事。手机行业出了一个乔布斯,把为新品开发布会这件事搞成了,大家都跟着学会了。"

许许多多的个体都因为搞事能力的不同形成了差别的现象,擅长搞事(市场活动)更容易打开局面,擅长搞事的公司更容易找到出路。

如果是一个大行业,往往会演化出抱团搞市场活动的现象,各种展览会就是最典型的市场活动。在电信设备行业,每年都由不同的机构举办各种设备展览活动。华为公司从很小的时候,就非常重视电信展览会,利用展览会接触客户,推销自己。现在,华为最重磅的电信设备营销活动是每年参加两次电信展览,一次是10月份的北京电信展,一次是2月份的巴塞罗那电信展。为了这两次电信展,公司会提前两三个月开始布置任务,销售一线要人盯人落实邀请客户,确认客户感兴趣的技术和话题,后方做充分的准备。展览会是一个大舞台,在众多高档酒店开设了各种专题活动,既有某些技术专题活动,也有根据重要客户需求定制的技术交流会。公司把成千上万客户参展、交流、食宿、游玩所有活动安排得井井有条，周到细致。站在客户角度看，一个公司能把这么大规模的活动办得这么好，对该公司的产品和实施能力自然也会增加信心。

市场活动丰富多样，小、快、灵的活动也很多。某奶粉公司摸索出了电视广告轰炸、店面小型活动推销的模式，一年可以在全国各地组织上万场小型市场活动。

销售电信设备客户少而明确，买卖双方天天打交道，早已经十分熟悉。即使如此，仍然有很多做市场活动的空间。华为在运营商业务方面搞的市场活动丰富多样，主要有下列四类活动：

战略对话：

- 高层峰会
- 本地联谊活动（酒会/庆祝会）
- 高层互访
- 产品路标交流
- 邀请参加战略、行业发展研讨活动
- 参加客户大型活动

创新活动：

- 联合创新中心

- IPTC（IP 转型中心）
- Joint Go to MKT（联合进入市场）
- 标准、专利、联盟合作
- 商业咨询/新商业模式
- ODM 产品定制

联合品牌营销：

- 邀请参展，现场会
- 联合现场会，发布新产品
- 联合绿色行动
- 联合品牌，软文发布

管理交流：

- 管理研讨
- 培训交流（技术/管理/业务转型）
- 认证（质量/流程/CSR）
- 双方流程衔接和对接

按照通常的理解，市场活动是花钱的活动，销售活动是赚钱的活动。花钱做市场活动目的是"松土"，然后才能"种庄稼"。MTL流程认为市场活动目的是牵引出线索，线索确实是一个主要目的，但不是市场活动的唯一目的，有时也为了加强客户关系，增进理解。

华为的这些活动并不是在建立MTL流程时才发明的，华为2012年才开始进行MTL流程项目变革。这一年华为已经是电信设备公司第一名，多年在电信运营商行业销售，已经积累了丰富的武器。以上这些内容根据客户的情况，做一些调整也可以用于其他行业。

把鸡肋变成熊掌

市场活动有两个实际的困难，第一，不知道该干啥，不会搞事，打不开局面；第二，做完市场活动发现没有效果。

突破这两个问题的方法是跟别人学，做到极致。

如果是一个较大的行业，市场会发展出一些公共的市场活动，如展览、峰会等。如果这些活动是可持续的，比如已经举办了好多届，说明这种活动有一定的作用，否则就被自然选择淘汰了。但是，有效果不代表对所有厂商都有效果，事实上，绝大多数活动都是少数厂商受益，多数厂商陪跑。

怎么才能成为受益者而不是陪跑者呢？方法就是要么不做，要做就做到极致。电信行业过去是一个比较活跃的行业，各种展览、峰会非常多，华为只参加巴塞罗那电信展和北京电信展，其他展览即使参加也是应付一下。但对于这两个展览，华为工作做得极其细致，投入极大。

小型活动也有成熟的方法和比较细致的策划，不能走过场。如果只是应付差事地办一个活动，会让客户感觉非常不好，有时还会适得其反。

也有很多营销活动体现出创新性，并非都是萧规曹随按部就班式的活动。每种活动都是公司为了联结客户、推广产品或者提出概念创造出来的。有创新就有失败，判断营销活动是否成功的唯一准则就是客户爱不爱参加。华为MTL里面有一个小细节说，搞活动就是要琢磨什么是客户爱听的语言，且要能够打动客户、引起共鸣。要从"我想讲"到"客户想听"。

有公司会在做营销活动前问我这个活动可不可以搞，那个活动可不可以搞，我告诉他们一切营销活动都可以搞，只要你能把客户请来，客户愿意参加的活动都是好活动。

苹果公司从来不参加最有影响力的消费电子展，它举办自己的活动，比如全球开发者大会、手机发布会等。为一款手机开发布会一点都不难，难点在于得有人听，有人传播。乔布斯打通了为手机开发布会的营销活动，其他厂商开同样的发布会若没有观众，也会持续改进，因为乔布斯已经证明这是一件可行之事。

双轮驱动

华为很多创新来源于用户需求，这种需求有时是通过举办市场活动催生出来的。大概在1997年，中国开始有一些人上网收发邮件，到门户网站上看一些信息。上网的人不多，但业界开始有人炒作互联网。当时主要通过电话线拨号的方式上网，比如用户将电话线插到计算机的拨号网口上，用计算机拨号163，电话线另外一端就会连接到一台叫作接入服务器的设备，通过这台设备用户就连上了互联网。

当时，华为北京研究所想研发一台接入服务器，公司认为市场不明确，没批准。后来，广东邮电管理局跟华为说中国人口多，将来可能需要大型的接入服务器，现在的接入服务器都太小。华为认为这确实是一个有可能爆发的需求点，就迅速组织人马在程控交换机的基础上开发接入服务器。再后来，上网业务增长迅猛，这款接入服务器大卖，到2001年，华为接入服务器的市场占有率在90%左右。除了给华为带来的利润之外，这款设备将华为带入到了一个发展潜力巨大的互联网设备领域。

电信业务大发展时期，华为为满足客户需求，还开发出了一些具有独特技术的设备。

华为一直强调员工要有灵敏的嗅觉去捕捉商机。任正非在一次讲话中说："这种嗅觉就是对客户需求的感觉。那么，这种嗅觉能力来自哪里？来自于客户，来自于与客户聊天、吃饭。我一直给大家举郑宝用的例子。郑宝用为什么会进步很快？就是因为他与客户交流多。我们的接入网、商业网、接入服务器等概念都来自与客户交流，实际上就是客户的发明。很多知识智慧掌握在客户手中，我们要多与客户打交道，乐意听取客户意见。客户骂你的地方就是客户最厉害的地方，客户的困难就是需求。"

到底是买方的需求拉动了卖方的创造，还是卖方的创造推动了买方的需求？这是一个长期争论不清的问题。大概2010年之后，华为总结了双轮驱动发展模式，一个轮子是需求拉动，一个轮子是创新驱动。

现在手机上普遍有两个前置摄像头，三四个后置摄像头，这是一个比较典型的厂商驱动的创新。2016年4月，华为发布了一款有两个后置照相镜头的手机，在市场上销售还不错。然后，其他厂商也纷纷推出自己的双摄手机，开始了一场摄像头军备竞赛。华为接着发布了一款后置三摄手机，然后，总有人发布更多摄像头的手机，直到市场对摄像头数目不再买单，堆料竞赛才停止。

华为早期处于追赶者地位，比较强调满足用户需求。要想深刻理解和挖掘用户需求就需要多跟客户接触和交流，各种各样的市场活动便提供了各种形式的交流。即使销售人员不擅长与人交流沟通，这么多例行的活动也能让销售人员与顾客打成一片。

从线索到机会

2009年年末，华为公司开始进行销售流程变革，建立电信设备销售端到端的流程体系，叫作LTC。

LTC核心流程如下图所示：

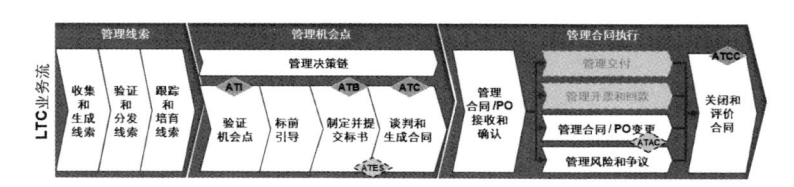

管理线索	管理机会点	管理合同执行
收集和生成线索 / 验证和分发线索 / 跟踪和培育线索	管理决策链 / ATI 验证机会点 / ATB 标前引导 / ATC 制定并提交标书 / 谈判和生成合同 / ATES	管理合同/PO接收和确认 / 管理交付 / 管理并索和回款 / 管理合同/PO变更 / ATAC / 管理风险和争议 / ATCC 关闭和评价合同

LTC核心流程图

一级流程分成三段，分别是管理线索、管理机会点、管理合同执行。

流程是天然存在的，2009年华为公司已经成立了22年，公司规模已经发展到近10万人，其中销售服务体系有3万人左右，销售额达到1491亿元，海外收入901亿元。这时期华为销售流程是分段的，但不是很清晰，没有把整个销售流程集成起来。LTC流程变革是进一步细化、优化销售环节，做到全公司统一管理、统一语言，提升总体销售能力、交付效率。

通过LTC流程变革解决了四个方面的问题：

流程问题

- 缺少规范的线索管理流程
- 合同签订前，履行团队很少参与
- 缺乏端到端的合同执行管理
- 合同变更和合同关闭缺乏标准化的流程

组织问题

- 缺乏统一的客户界面
- 功能部门过于强大，导致角色与职责的重叠或不清晰
- 关键角色缺失或运作时不一致

管理问题

- 投标和合同评审没有集成
- 缺少规范一致的合同决策机制
- 销售、解决方案、交付等部门的KPI不一致，有冲突

IT支撑系统问题

- 基于业务部门开发的IT系统繁多，未能有效集成
- 数据未能端到端贯通与集成

LTC流程分成三段，第一段是管理线索，线索是客户的采购意向，还没有到真实的项目阶段，项目的胚芽是在线索中孕育的。

线索保证及早介入项目

等到客户明确招标了再去搞项目，多半都已经晚了。在进华为之前，我在某公司参加过第三期日元贷款招标项目，我司当时总共买了20份标书，其中对部分客户也提前进行了简单的沟通，但没有和任何一个客户建立深入的关系。

日元贷款项目有比较严格、规范的招投标程序。拿到标书之后，我们写标书团队住进酒店里日夜奋战，每天只睡两三个小时。投标结果公布时，综合排名中，我们有4个第一、3个第二，部门还去喝了庆功酒。但现实很残酷，后来我们的实际中标项目是0。客户想要你中标或者废掉你的标书是很容易的。这个案例就属于没有进行线索管理的问题。

2B项目销售必须提前介入，等到招标时才拿到项目线索基本上已经晚了。这是新公司、销售菜鸟常犯的错误。

另外，永远不要静态地看待需求，静态看待需求，很难找到商机。回顾过去，任何一个时间点上，在当时都是看不到需求的，正如当下也看不到需求一样。过后有人把需求开拓出来了，你才发现，原来如此。

任正非很早就认识到了这一点，1997年任正非等高管团队参访美国公司，回来之后发表《我们向美国人民学习什么》的讲话，他说："科学的入口处，真正是地狱的入口处，进去了的人才真正体会得到。基础研究的痛苦是成功了没人理解，甚至会被曲解、被误解。像饿死的梵高一样，死后他的画却卖到几千万美元一幅。当我看到贝尔实验室科学家的实验室密如蛛网、混乱不堪，不由得对这些勇士，肃然起敬。华为不知是否会产生这样的勇士。寻找机会、抓住机会，是后进者的名言。创造机会、引导消费，是先驱者的座右铭。"

讲话内容的开始部分化用马克思名言，说明科学探索就像在地狱里一样艰难。最后他说寻找机会、抓住机会已经是落后者了，只有创造机会、引导消费才是先驱者。任总这段讲话主要是说产品研发的，但同样适用于市场开拓。

需求的发展规律并不为人所知，销售员在赚钱欲望和本能驱使下，会想尽一切办法开拓市场，卖东西就会创造需求。华为在此之上又加上了一层创造需求的办法，没有项目创造出项目，小项目引导成大项目。

一家运营商，网络已经完备，目前尚未有引进新设备的想法，怎么办呢？华为就找到对方现有设备的不足，引导客户将原有的设备拆除，再换上新设备。电子产品技术进步速度比较快，通常后做的设备比先做的设备更先进，功能更多，性能更强大，换新设备是有合适理由的，但如果不去开拓的话，这个需求就不会冒出来。我们再想一想，前面所说的第三期日元贷款项目，有厂商和客户一起开发需求，编制标书，最后只是参与投标的其他厂商怎么可能中标呢？

实际上，2C行业也是如此。传统电商是搜索购买模式，客户想买一件衣服，去网上搜索，找到一款合意的产品下单购买。新型电商则是引导式的，通过算法给客户推荐商品，经常催化客户的冲动型购买，商业是由买卖双方共同推动的。

多种方式获取线索

任何公司都缺销售线索，有些公司因此会发动全员销售，或者让全员寻找销售线索。这个方法不可取，销售线索的获取是专业的，非销售岗位有时确实也会获取有效的销售线索，但不要做硬性要求。如果有人获取线索的能力强，可以考虑把他调到销售部门，以发挥更大的价值。全员销售会造成全员焦虑，是可以卖出去一些产品，但带来的副作用则远大于销售所得。华为手机在最困难的时期不但没有进行全员销售，也从未要求员工必须购买华为手机。华为在自己的笔记本电脑热销后，依旧会采购对手的笔记本电脑作为员工用机。

电信设备是运营商的生产线，有持续采购需求，客户购买电信设备的计划性也比较强。像华为这种厂商是运营商的主力供货商，每年都能拿到客户的建设计划，由建设计划带来的线索占销售线索的一大部分。

运营商数量特别少，华为就通过丰富的市场活动，和运营商各层面深度交流，可以形成一些线索和中长期规划。

另外，销售并不是被动地等待顾客采购，而是深入洞察趋势，帮助顾客做计划，将要卖的设备类型写进客户的建设计划之中。1999年我们开始销售接入服务器，当年销售已经遍地开花，但量都不大，我们预计2000年上网人数会爆炸性增长，为了让运营商加大建设量，我们就去各地做活动，大力宣传互联网会爆炸性增长。

事实也确实如此，1999年中国共有350万台计算机上网，2000年就增加到890万台。通过市场活动，华为已经和运营商达成了共识，2000年运营商的计划建设就增加了很多接入服务器，华为也销售了很多设备，促成了建设和使用的良性循环加速。中国很多基础设施行业就是这样快速发展起来的。

获取线索的基础是良好的客户关系，如果关系没到位，客户即使有项目，出于各种具体的原因，也会瞒着厂商，比如客户不希望无序竞争打乱自己的计划。

如果目标客户非常多，如何获取销售线索？

华为的业务从运营商扩张到企业网络设备时就遇到了

这个问题。企业网络设备目标客户非常多，又不知道哪个客户可能会采购网络设备。华为摸索了一段时间，最后形成"条块分割"的打法，按行业进行条状梳理，尤其一些大型行业如金融、政府、教育等，剩下的一些企业则呈块状分布。把每个大行业看成运营商，在销售方法上就有了相似性。但是企业市场有客户数多、订单较小、需求多样的特点，需要用渠道代理商覆盖市场。相比面向运营商的直销模式，增加了一层代理进行分销，极大地增加了管理复杂度。直销变分销，商业模式就产生了较为重大的变化。

但行业线索依旧可以通过举办市场活动获取，华为仍然用在拓展运营商市场时已经熟悉的现场会、样板点、行业技术峰会等形式联结目标客户。比如，华为在教育行业有一个成功案例，就可以组织开一个现场会，会议内容策划里面有专家发言、客户代表发言、华为技术专家发言，以及邀请客户、接待客户等内容。通过活动制造了接触点，人盯人接待好客户，增进情感，沟通信息，而客户亲眼看到华为实施项目的案例后也能做到心中有底，这样就可能产生一些销售线索，即便客户当下没有项目计划和预算，将来也可能会有，属于需要培育的线索。

第五章　华为销售流程

从机会点到合同

管理机会点就是常说的打项目，线索是客户产生了购买意愿和动议，机会点则是客户已经启动了项目，通过招投标最终落实成具体的商业合同。

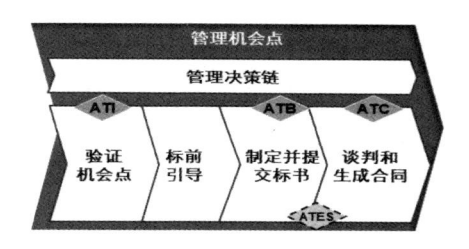

LTC流程中"管理机会点"

管理机会点是形成销售的关键部分。在LTC流程上包括验证机会点、标前引导、制定并提交标书、谈判和生成合同几个环节。

管理机会点是销售的核心，要解决用户需求匹配、和竞争对手夺标、保证项目顺利执行、项目盈利和可持续等问题。在实际操作中，打项目有各种各样的复杂情况，良好的流程就是工具箱里有丰富的武器用于各种场景，通过流程管理主要环节并执行到位。

LTC流程在管理机会点上有三个重要的决策：立项决策、投标决策和合同决策。

验证机会点催生项目

客户在启动项目、决定购买产品时常常是犹犹豫豫的，并不是我们早晨决定去菜市场买菜时拎包就走那么简单。

有很多项目从客户有采购动议到真实采购中间可能会经历好几年的时间，中间有各种反复，甚至销售员跟踪了一两年的项目，最后项目流产了。

验证机会点就是抓住项目启动时期的主要特征，机会点需要开会讨论验证，卖方要想办法把客户的采购动议催化成实际的项目。

大多数的项目都不是非上不可的，尤其是需求弹性比较大的项目，在客户决定启动项目时，确实有很多实际的顾虑。以京沪高铁项目为例，现在这是非常赚钱的高铁线路，可是当初这么大的投资到底能不能赚钱谁都没有把握，京沪高铁刚建成的一段时间，高铁车厢内常常空空荡荡，投资者是很揪心的。京沪高铁赚钱了，然后是京广高铁，大城市之间的高铁建完了，那么中等城市之间再建高铁还能赚钱吗？大多数项目都是面向未来的，大多数情况下未来并不可知。

华为业务属于ICT，即信息和通信基础设施类业务，它的需求比高铁要复杂和说不清楚，所以，客户在立项上的实际困难更大。

现在，数字化这个概念炒得火热，ICT基础设施厂商希望借助炒作这个概念联结客户，催生线索和项目，客户则希望借助数字化浪潮提升生产力。如果往实处落实就会发现厂商并不能真正讲清楚数字化能解决什么具体问题，客户也不清楚自己真实需求。一个想卖货，一个想买货，中间却隔了一个巨大的鸿沟。

为什么厂商不准备好成熟的方案后再推销，客户有了明确的需求后再采购？因为做不到！这是经济活动的实践性原理决定的。以比较直观具象的京沪高铁来说，没有建设之前是不可能准确预测需求的，只有掏钱建了才知道实际情况。厂商没有实际场景和案例，怎么能够凭空杜撰出对客户有实际用途的数字化解决方案呢？客户通过等待的方法需求也是无法成熟的，客户有两种采购策略，其中一种就是率先冲上去做小白鼠，假设有5个大型家电企业都模模糊糊的有"数字"变革的需求，第一个上项目的就是小白鼠，它的潜在风险就是有可能掉坑踩雷，花冤枉钱，做无用功。收益则是一旦成功，沉淀下来一些有价值的东西，它就有了先发优势。电信行业的发展就是前卫采购者和保守采购者各有利弊推动的。厂商研发出一种新技术，先采购者对终端用户的需求是模糊的，同时设备比较贵，在功能和性能上可能也有些问题。好处则是一旦真有需求，它的获客成本最低。保守采购者正好相反，各种未知情况得到了验证，可是，客户已经被先发者捞走了，再获客就非常困难。

即使客户没有这么精确的算计，采购行为也有激进的前卫采购者和后知后觉的保守采购者之分。你身边有人乐于尝鲜，采购新型电子设备，也有人保守，只吃熟悉的饭馆，采购成熟一点的产品，对吧？

验证机会点包括将客户的购买意图催生成真正的项目，以及判断客户是不是真的会立项。催生项目主要就是帮助客户清理障碍，消除疑虑。某运营商想上宽带项目，但缺钱，对终端用户需求情况也没有把握，怎么办？华为就帮运营商找钱，从早期的卖方信贷、买方信贷到后来专业化的各种融资手段。客户对用户需求没把握，华为可以根据全球经验，找出成功案例，和客户详细沟通，打消客户顾虑。如果是第一个客户怎么办？推广一项新业务，一个新产品总要有第一个吃螃蟹的客户，这个客户除了风险，还有什么收益呢？其实第一个吃螃蟹的客户也有创新收益，厂商可以协助客户申领创新称号、奖励等。另外，如果厂商要验证产品或者新业务的商业模式，也可以通过赠送、半卖半送等方式补贴客户所冒的风险。方法是多种多样的，核心则是站在客户的角度让客户多受益，少冒险，帮助客户"立功"是导向项目成功的核心。判断客户是不是真的会立项采购的关键在于分析和多线索验证，华为销售模式可以提供多线索验证，积累的行业经验则有助于做出准确的分析和判断。

立项决策通过后，就要组织项目团队，根据项目的重要性和大小配置人员，各司其职，深入开展销售活动。

标前引导

招投标是大型项目的一个必要组成部分，买方通过招标方式增加项目透明度，压低卖方产品的价格，让卖方做出书面承诺等。

招投标模式也有缺点，卖方为了应对过于激烈的竞争，容易做出过度承诺，报出脱离实际的低价。过度承诺，然后反悔，或者劣质交付，这也会影响采购方的实际利益。

所以，买方用招投标，不一定希望卖方被招投标完全制约。成熟销售员和厂商都知道，销售的大部分工作都在招标前，而招标前最核心的工作就是"引导"，引导就是向客户证明购买你的产品比竞争对手更好。

标前引导主要有两类性质的工作，客户关系是销售的基础，产品解决方案是夺标的关键。对于电信运营商这种长期客户而言，客户关系是一项长期的工作，产品解决方案则是夺取一个个项目的关键，没有客户关系，买方无法信任卖方，怕掉坑踩雷。但客户终究买的是产品，客户的实际利益体现在购买的产品或解决方案上面。华为销售就是两手抓，两手都很硬。

厂商应该正确理解客户关系与产品力的关系，不可偏废。

第四章讲的"九招制胜"就是华为打项目的基本步骤，读者可以再复习一下前面的内容。标前引导重点强调两点：

第一，决策链。影响客户购买决策的人很多，就像一个链条，打项目必须清楚影响购买决策的各个角色以及他们之间的关系。华为用权力地图来表示客户的决策链，在一张图上把影响决策的人员结构以及对华为远近亲疏关系都标识出来。由于权力地图太复杂，推荐用"鱼骨图"来描述客户决策链，如下图所示：

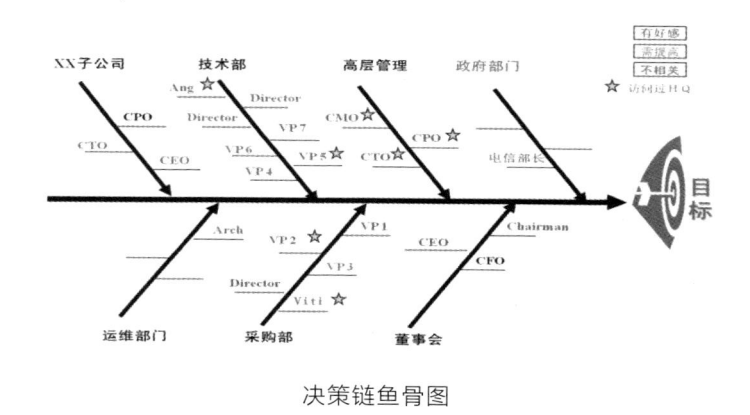

决策链鱼骨图

知晓客户决策链是销售人员的基本工作，如果决策链都不清楚或者决策上很多关键人物还没有打过交道，去投标陪跑的概率就比较大。

有了决策链才知道每个人关心的重点，去做针对性强的工作。厂商都希望多获得与客户沟通的机会，消灭对手与客户沟通的机会。关键点在于要安排客户喜欢的活动，言之无物或者完全不理解客户的立场和利益，客户就会推三阻四，躲着卖方。

消灭对手与客户沟通的机会也很重要，华为在展览会期间人盯人，把客户的活动日程安排得满满当当，又让客户很舒服，这样一来，客户就没有时间去了解竞争对手了。

第二，自己的优点，对手的缺点。客户购买产品或服务，标的物当然是客户的核心利益，标前引导传播自己的产品优点，适当贬低竞争对手是必须的。

世间任何物品经过人的解读，都不再是客观的，任何事情都可以说成是黑的或者白的。

如果公司规模小、品牌知名度低，就应该强调为客户定制，为客户服务，还要出让价格这个实实在在的利益给客户，这是销售的基本规律。华为小的时候也是这样做的，小、快、灵产品价格便宜，一旦出了问题，响应及时，在客户关系支撑下，也能让客户买个放心。

公司规模做大，成为强势品牌，可以说的优点就太多了。IBM当年有一句很霸气的话道出了大公司的优势——没有人因为购买IBM产品下课。客户购买头牌产品，即使出了问题也不用担责，头牌出问题就是客观上难以避免的问题，购买小品牌产品出问题，则会被各种质疑或者问责。

新产品就要强调它的先进性，老产品则强调它的可靠性。当年我们销售的A8010是C&C08机改造的数据通信设备，在外形上是庞然大物，设备宽度达到800厘米，竞争对手的设备只有19英寸（48厘米），想将华为排除的客户说这个尺寸和数据通信设备不一致，想买A8010的则说这才是电信设备该有的样子。

在标前引导中,要不要说竞争对手的坏话是一个有争议的问题。因为这个问题没有简单的答案,你在做客户关系,竞争对手也在搞客户关系。有的客户想用你家的产品,有的客户则想采购对手的设备。说对手坏话要视情形而定,客户需要炮弹就说,引起客户反感就不要说。

投标

虽说投标前的工作已经基本决定合同的走向,可投标仍然是工作量最集中、工作任务最明确、对成败最重要的环节。投标报价是买卖双方争夺的核心利益,也是竞争对手竞争的焦点。为了防止报价泄密,报价往往在最后时刻才由少数人确定,把大家封闭在酒店里,没收一切通信设备,防止有人泄密。

华为投标决策有比较复杂的流程和部门参与,由于LTC流程场景非常多,为了适应各种分支,有相当多的评审决策点,这些都是为了适应公司大结构、严谨性、多样性制定的规矩,公司规模较小,就不必太关心这些烦琐的细枝末节。

投标也是客户化的,就是策略要适合客户情况。例如,招标通常有一个逐条答复环节，在中国的习惯是即使产品并不满足招标方提出的条件，也会答复部分，以免被别人抓住把柄废标。有些国家则必须如实回答，如果回答与真实情况不符，招标方一旦发现就会真的对投标方罚款。

即使都是电信设备，每种类型的产品也有不同的特点，有的产品服务量大，不容易交付，有的则交付简单；有的产品黏性强，有的黏性弱。不同类型的产品要采用不同的策略。

为了适配不同产品在不同区域的销售，华为提出了一国一策、一品一策的目标。

谈判生成合同

项目并不是全都通过招投标形成的，还有大量的例行采购、协商采购、设备扩容、借货转销售等项目。一份好的合同标准是"合理利润、风险可控、客户满意"。

到了签订合同期，已经排除了很多竞争对手，卖方的权力筹码有所增加。如果说合同之前，买卖双方博弈的成分比较多，签订合同后则合作成分就占了主导地位。

为了后续合作顺利，适当降低买方的期望值是必要的。卖方通常会争取采用自己的标准合同文本，假如采用买方提供的合同文本，在专业评审决策时就会比较谨慎。

大公司中存在很多专业评审，商务、法律、内控、供应链等都会参与专业评审，其中绝大多数合同都是例行合同，有特殊条款或者是新合同文本就比较麻烦。实际上，买方也是如此，大公司的采购流程必然是层层评审把关，新供应商仅仅是突破这些程序性障碍就相当困难，每个节点在接受新事物时都有一些障碍，但一旦打通了，就变得容易了。

管理合同执行

顾客购买了一台冰箱，拆箱、插上电源就可以用了，买一台空调则需要专业人士安装。华为的电信设备安装调试比空调更复杂，更专业。这种产品出厂后只是半成品，安装到用户场地，使其运转起来的工作量相当大。

行业的难点通常也是机会点，你难，对手也难。在难点上通常会摔跤、碰壁，可一旦问题解决得好，就会成为你的竞争优势。

华为在电信设备交付环节上遇到过两次比较大的挑战，第一次大概始于1998年，这一年公司年销售额近百亿元，员工近万人。100亿元销售额需要卖相当多的货物给客户，如何把这些货物及时准确地运到顾客场地，保质保量地安装好成了大问题。华为订单交货率只有50%，库存周转率只有3.6次/年，而最先进的同行对应可以做到94%和9.4次/年。

华为为了提升货物流转和服务质量，1999年，继IPD之后，启动了公司第二个重大项目变革，称为集成供应链管理（ISC）。通过分段解决问题，华为提升了供货和服务能力，为在国内的大规模销售扩张奠定了基础。

第二次交付方面的挑战大概从2005年开始，这一年公司年销售额达到670亿元，其中海外销售额接近一半，海外产品的交付压力巨大，此后的两三年，提升海外交付能力成为公司的工作重点，公司到处都在讲交付问题。经过几年的变革，华为交付短板成了长板，交付速度快、质量好成了华为竞争优势的一部分。

两次交付危机都是因为销售增长快，服务能力跟不上销售增长的速度。销售在公司运作中起到引领作用，只有销售对接了用户实际需求，才更容易暴露问题。不暴露问题，你怎么去优化流程、提升能力呢？华为大多数流程都是在"有问题—再整改"中不断提高的。

按照主流程来讲，交付属于集成供应链管理的一部分，为什么它又属于LTC呢？这是因为流程之间不像一条条独立的河流，而是相互之间有交叉和调用。

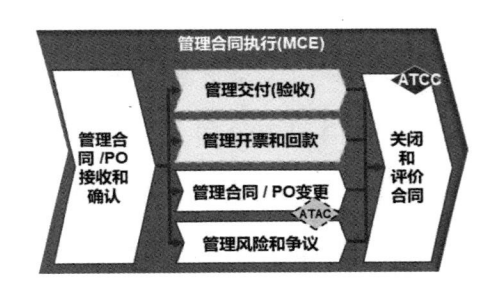

LTC流程中执行段

LTC合同执行流程中的管理交付、管理开票和回款就是调用其他流程。

对于交付比较复杂的行业，合同执行这一段也非常关键。尽管签了合同，执行不好也是收不到全款的，一旦交付不好，不光影响厂商声誉，对后续销售杀伤力也很大。

执行问题复杂多样，但也有共同的规律。大多数的执行问题都是买方不切实际的要求和卖方的过度承诺造成的。

合同执行问题一方面是公司的态度和能力问题，另外一方面则是前面流程造成的遗留问题。华为内部很早就有一个口号——要把下游当作你的客户对待。公司出问题，部门之间会互相指责：交付出问题就会怪合同签得太烂、产品不行；销售不畅销售员会说主要是因为产品没有竞争力，研发则说是因为销售能力不行。这里面有很多事交织在一起说不清楚，通常情况下，每个环节都不可能理想化，华为就是每个阶段解决一个主要矛盾，同时优化其他环节。

合同执行中出问题主要有这样一些原因——

合同隐患：销售人员为了获得订单，经常给客户过多承诺。产品不具备的功能却说有，无法定制开发却说能，交付时间太紧张却说可以做到。有一个大型运营商曾经要集中采购一种设备，但由于其内部决策问题，项目拖了将近半年。与华为签订合同之后，要求设备半个月安装到全国各地。这个交付工期实在是太紧张，交付压力太大了。这种情况在执行合同时经常出现。

为了解决这一合同隐患问题，华为主要有两个措施。首先，华为海外销售起量之后，公司三令五申不许销售乱承诺。在国内销售大家都已经习惯了乱承诺，买方也不是很较真。但在国外有些地方，会真要求按合同规定的内容执行，无法完成会真罚款。后来华为成立了合同商务部专门审查各地合同，在LTC流程的合同审批环节都有法务、商务等部门审批。其次，华为"铁三角"销售模式，服务人员也全程参与项目，参与合同谈判，确保合同的可执行性。

交付界面的问题：例如，宜家家具都是板式家具，用户购买的家具实际上是一些"积木"，要在用户场地将这些模块组装成家具。宜家的主要市场在欧洲，顾客购买家具后可以自己运回家，自己组装。而在中国，大多数顾客不会干组装家具的活，就需要让宜家送货，乃至额外支付费用由宜家组装。宜家在欧洲基本不提供送货、组装服务，但到了中国市场，就要强化送货、安装家具的能力。

华为业务扩张到全球后，遇到的就是宜家这种问题。经过勤学苦练和供应链变革之后，华为在国内交付、服务能力都是顶级的。但到了国外交付界面变了，华为的服务能力反而成了短板。在国内华为和运营商之间的交付界面是产品安装和运行，运营商给设备厂商准备好机房和安装条件，华为把自己的设备安装调试好即可。但国外相当多的运营商运维能力远不及国内运营商，它们要求厂商"交钥匙"，在国内华为将通信基站安装到运营商搞好的铁塔上即可，在国外，华为则要挖沟、埋光缆、建铁塔，这些都是华为不擅长的工作，服务长板变短板。

交付界面不清晰或者交付界面变动，都有问题隐患。解决之道是在签订合同时，尽量让界面清晰化。当界面进一步向客户侧推进时，就要补齐能力。华为不擅长建铁塔，不擅长挖沟埋光缆，要么自己学会，要么学会管理合作方使其完成这项工作。

环境问题：电信运营商通过网络设备、线缆、空中信号联结千家万户，电信设备分布在城市、乡村的很多地方。电信运营商要安装设备就要有地方安装，行业内称之为站址获取，大部分情况下要用光缆把设备连接起来。这就产生了环境问题，你想装设备，别人不让你安装。尤其国外土地私有化，碰上钉子户很难搞。有些居民不让运营商安装基站，不让石油公司建加油站，说有辐射、有污染，危害健康。

华为在海外市场起量后，遇上了很多环境问题，虽然和运营商成功签订了"交钥匙"合同，但在执行中遇到了巨大的障碍。

买方造成的问题：市场经济下供应总是过度，通常都是买方有主导权。有主导权的一方通常会有很多问题。

合同执行经常需要买卖双方配合，但即便因为买方的工作没有到位造成工期延误等实施障碍，通常也得卖方背锅。为了让买方积极配合交付，除了有清晰的项目管理之外，良好的客户关系也是必不可少的，所以，华为很早就提出要做普遍客户关系。

第五章　华为销售流程

卖方经历了一系列交付问题之后，对各种问题都有了应对之策，问题就会越来越少，交付就会越来越顺畅。交付过程中还会出现合同变更、临时借货等情况，所以合同变更流程和变更决策也是一个比较常用的子流程。

能够给买方提供满意优质的交付，这对客户而言比任何其他案例更有说服力，交付满意就给下一次合同签订打下了基础。如果交付中出现大的问题，就要想办法解决和弥补，否则好事不出名，坏事传千里。

最后，合同关闭是要把钱收回来。2B行业欠款、赖账、无力支付是很普遍的问题。在激烈竞争的市场中，销售方普遍重销售轻服务，在销售时缺乏对客户支付能力的关注。2000年左右，互联网泡沫破灭，此前，网络设备公司都采取了激进的策略，将货物借给疯狂扩建网络的运营商，最后都遭受了大面积的坏账。华为也受到巨大影响，好在不在风暴中心，没有多少坏账，只是运营商几年的超量建设透支了后面几年的发展空间，2001年、2002年两年销售收入未增长，公司进入"华为的冬天"。

经历这次危机之后，华为经营上更多的是兼顾稳健，而不是过分强调激进销售对公司的拉动。在激进和控制风险之间的平衡，关键是要有相对独立、专业的部门介入，进行专业评估。如果合同签了，项目也实施了，买方没钱、赖账，卖方容易成为"杨白劳"。LTC流程里面有些评审、决策点也是风险控制点。正如消除交付问题的关键在于服务人员知晓合同签订的过程和条款，要想回款顺利，有些项目也需要财经体系的专业人员参与。华为在实际项目操作中，有时根据情况，在"铁三角"的基础上加上专业财经人员，构成"铁四角"。财务人员参与项目可以帮助客户解决融资问题、评估项目可回款情况、对项目盈利前景进行评估等。

销售中的角色和管理

销售流程中这些工作到底是由哪个具体的角色执行？华为销售模式中，大多数情况下都是团队集体参与的，每个阶段也都有主要责任人。

角色分工

华为的小型项目或者例行销售项目，由平常的小团队运作即可。大型重点项目，公司会成立项目组，并在公告栏里公示，项目组织内容如下：

×××　八位工号　组　长（PD）

×××　八位工号　副组长（兼项目简报输出责任人/信息安全专员）

×××　八位工号　组　员（AR/客户责任人）

×××　八位工号　组　员（SR/解决方案责任人）

×××　八位工号　组　员（FR/履行责任人）

×××　八位工号　组　员（BR/投标责任人）

×××　八位工号　组　员（主谈人/项目组内提名或申请谈判专家）

×××　八位工号　组　员（客户关系组组长）

×××　八位工号　组　员（产品解决方案组组长）

×××　八位工号　组　员（专业服务解决方案组组长）

×××　八位工号　组　员（商务工作组组长）

×××　八位工号　组　员（项目支撑工作组组长）

客户经理一职由当地负责这个项目的客户经理担任，因为客户关系是一项长期的工作，临时人员很难短时间建立客户关系。其他人员视情况而定，华为在中国区每个省都有很多项目，各种角色的人员配置齐备，项目组成员由本省代表处人员组成。在国外尤其小国没有那么多员工，则地区部有资源池，可以按项目需求，从资源池调配人员组成项目组。所以，我再次强调"铁三角"在华为不是一个长期组织，而是一个项目型作战单元。

上面的项目组织是华为打大项目时会采用的真实组织，团队分工合作，制订计划，通过周例会和很多会议沟通情况，分工协作，推进项目。

项目运作中遇到大型活动或者需要高级别领导、专家，而项目组中不具备这些资源时，通过"呼唤炮火"机制，从公司总部派人出差支持项目。

"铁三角"在项目不同阶段的工作主导关系如下：

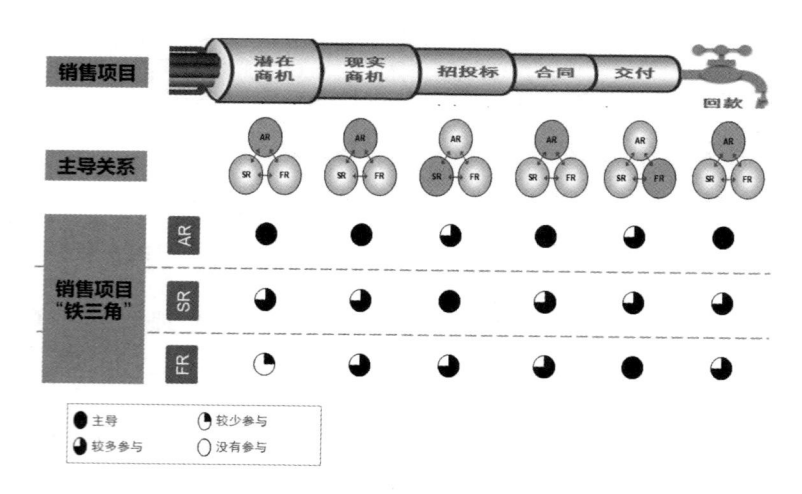

"铁三角"工作主导关系

上图是LTC流程中的分工，前序的MTL流程，通过市场活动获取线索的主导通常是解决方案经理（SR）。这个流程分工在华为公司叫作客户经理搭台，产品经理唱戏。因为通过市场活动牵引线索一般都是以技术为主题的方式开展的，厂商向客户推销的永远是产品而不是关系，如IPTV业务经验交流会、数字化在教育行业中的应用等，邀请相关客户，进行"松土"，培育销售线索。

"铁三角"各个角色的主要职责如下：

客户经理（AR）

  客户关系建设

    ✓ 负责建立并维护客户关系

    ✓ 管理客户在各种机会点活动中的期望

  销售成功和盈利

    ✓ 驱动盈利性销售，促使合同订立成功

    ✓ 负责财务概算和预测、定价策略、融资策略、条款及相关风险识别

    ✓ 制定谈判策略，主导合同谈判

    ✓ 确保交易和合同签署、回款以及尾款回款

解决方案经理（SR）

技术和服务解决方案

- ✓ 负责解决方案策略/规划/质量，负责标书总体质量以及提升竞争力
- ✓ 制定并引导客户接受我方方案
- ✓ 确保解决方案与公司产品/服务组合和战略保持协同
- ✓ 准备报价清单，识别解决方案风险以及制定风险规避措施
- ✓ 负责与客户共同解决有关技术与服务方案的问题
- ✓ 客户关系的维护

交付经理（FR）

端到端的客户满意度管理

- ✓ 组织和协同"铁三角"，统一管理客户期望和客户声音（如非技术问题与投诉），持续提升客户感知

合同履行第一责任人

- ✓ 在售前阶段进行早期介入，保证合同质量

及可交付性
- ✓ 负责合同执行策略以及相关风险的识别和规避
- ✓ 保障合同成功履行，负责与客户之间合同履行环节的争议解决

上述每个条目都是华为"铁三角"在项目运作中的实际工作，每条都有具体的执行方法。

项目都是阶段性的、临时组成的组织。项目成员能做到来之能战、即插即用，主要是华为长期运作项目，运作流程已经标准化，规范化，每个人的工作内容清晰，员工都有执行本职工作的技能。所以，华为能从职能型组织迅速变形成项目型组织。

项目管理

华为产品销售组织和代表处一线都有一个叫作销售管理部的组织，销售管理不负责打项目，也不是主管部门，它的职责是做好销售后勤工作。

工业品销售，很多都是按订单生产。销售预测、统计等都是很重要的工作，这些都由销售管理部负责。

销售部门的职责就是销售，行政主管往往也是项目组长（PD），销售项目管理就是按照预计的目标拿下项目，比如在运营商大型招标项目中，华为要拿多少比例，华为希望占据哪些区域等。

开会是管理项目的一种主要方式，开项目会的关键是掌握项目的发展规律，及时地制定对策、展开行动，这样项目才比较可控。对项目运作规律不清楚，或者缺乏总结，打项目就缺乏计划性，最后的结果就不可控。以招投标这种比较标准的项目为例，卖方仅仅做到纸面上要求的内容，没有创造一些活动加强与买方的沟通，项目几乎必败无疑。理想状况下，买卖方各取所需，并不复杂。但由于人不可能完全客观，都有不同的想法，买卖方之间、竞争对手之间的斗争让销售成为一种复杂多变的工作。

华为已经发明了丰富的市场活动和销售活动，根据项目情况，从这些活动库中提取"武器"，就可以拓展工作面，通过活动把关系做到位，取得买方信任，华为提供的产品或者解决方案又有竞争力，项目就很容易拿下来。

项目管理会议主要有——

项目分析会：分析的内容很多，如买方决策链分析；买方战略、需求分析；竞争对手分析；通过深入分析，制定方案，找到薄弱点和突破点，部署相应的人员去做工作，强化优势、弥补劣势。

活动策划会：打项目中经常会安排一些活动，比如安排公司高层对接客户高层；安排客户去"样板点"实地考察；安排技术专家点对点的交流；安排公司参访，等等。

所有这些活动都需要策划，很多公司也有相似或者相同的活动，却因为缺乏完整的策划和准备，显得不够专业，客户体验就不一定好，项目就会在这些加减分中决出胜负。举个例子，很多公司在销售中都会安排买卖双方高层对接。但卖方没有把情况跟高层说清楚，材料准备不详细，陪访专家不对路等，都有可能影响效果。安排领导、专家拜访客户时，领导、专家都是演员，在实际项目运作中的客户经理、解决方案经理则是导演，导演要给演员提供好剧本，演员才能演得好。在项目运作中的重要活动都要策划好，准备充分，在执行中才不出纰漏。

周例会：周例会、月例会，通常是会上主管过一堆项目，看看各个项目和区域的销售进展，以及项目成员有什么需要求助、提出了什么问题，分析项目中的问题点等。周例会，大家都讲项目情况，也起到相互学习、相互熟悉的作用。

复盘会：项目成功要复盘，失败更要复盘。营销是一种实践活动，只有在实际销售中才能提高水平。前面我们说过，华为的"铁三角"这个词就起源于对非洲苏丹一个失败项目的复盘。华为把工作做得很细致，工具箱里的工具能有这么多，复盘是一个很重要的原因。

这只是一部分管理会议，还有一些评审会、决策会等。有人说，华为人不是在开会就是在去开会的路上，虽然有所夸大，确实也反映了华为文山会海的基本面。

这么多的会议、这么多的沟通中，是否有无效会议？是否会影响效率？是有无效会议，也确实会影响效率。这几乎是大型组织难以解决的问题，但如果没有这些复杂的管理手段，公司就会受到各种偶然因素的影响，相当多的风险无法控制。正如斯图尔特·克雷纳所说："管理只有恒久的问题，没有终结的答案。"

图书在版编目（CIP）数据

华为饱和攻击营销法 / 孟庆祥著. -- 北京：北京联合出版公司, 2023.4
ISBN 978-7-5596-6691-8

Ⅰ.①华… Ⅱ.①孟… Ⅲ.①通信企业－企业管理－营销管理－研究－深圳 Ⅳ.①F632.765.3

中国国家版本馆CIP数据核字（2023）第031438号

华为饱和攻击营销法

孟庆祥　著

出　品　人：赵红仕
出版监制：刘　凯　赵鑫玮
选题策划：北京山顶视角科技有限公司
策划编辑：王留全　李俊佩　付佳雯　叶　赞
责任编辑：翦　鑫
封面设计：卓义云天

北京联合出版公司出版
（北京市西城区德外大街83号楼9层　100088）
北京联合天畅文化传播公司发行
北京美图印务有限公司印刷　新华书店经销
字数153千字　880毫米×1230毫米　1/32　9.75印张
2023年4月第1版　2023年4月第1次印刷
ISBN 978-7-5596-6691-8
定价：68.00元

版权所有，侵权必究
未经许可，不得以任何方式复制或抄袭本书部分或全部内容
本书若有质量问题，请与本公司图书销售中心联系调换。电话：（010）64258472-800